BUKU MASALAH DACQUOISE MUKTAMAD

100 Resipi Tak Tertahan untuk Hidangan Meringue Pedas Terbaik

Jane Li

Bahan Hak Cipta ©2023

Hak cipta terpelihara

Tiada bahagian buku ini boleh digunakan atau dihantar dalam apa jua bentuk atau dengan apa cara sekalipun tanpa kebenaran bertulis yang sewajarnya daripada penerbit dan pemilik hak cipta, kecuali petikan ringkas yang digunakan dalam semakan. Buku ini tidak boleh dianggap sebagai pengganti nasihat perubatan, undang-undang atau profesional lain.

ISI KANDUNGAN

ISI KANDUNGAN 3
PENGENALAN 6
FRUITY DACQUOISE 7
   1. Kek Strawberi Dacquoise 8
   2. Mousse Coklat dan Raspberi Dacquoise 11
   3. Kek Epal-Tahini Dacquoise 15
   4. Raspberi Dacquoise 19
   5. Dadih Limau dan Beri Dacquoise 21
   6. Dacquoise dengan Krim Mascarpone dan Beri 25
   7. Krim Ceri Dacquoise 28
   8. Strawberi & Buah Markisa Dacquoise 31
   9. Plum Dacquoise 35
   10. Coconut Dacquoise dengan Piña Colada Krim 38
   11. Strawberi dan Pudina Dacquoise 41
   12. Dacquoise Nectarine 43
   13. Cranberi dan Mango Dacquoise 46
   14. Dacquoise Anggur 50
   15. Mangga dan Buah Markisa Dacquoise 53
   16. Pina colada dacquoise 55
   17. Dacquoise Oren Tanpa Telur 58
   18. Pavlov dengan Sos Raspberi 61
   19. Oren Pistachio Dacquoise 64
   20. Pic dan Prosecco Dacquoise 67
   21. New Zealand Kiwi dacquoise 69
   22. Coklat dan Raspberi Dacquoise 71
   23. Dacquoise dengan puri mangga 73
   24. Riak Dacquoise Strawberi 75
   25. Strawberi, Mangga & Rose Dacquoise 77
   26. Dacquoise roll strawberi ais 80
   27. Dacquoise Dengan Beri Hitam Dan Krim 82
   28. Limau dan Blueberi Dacquoise 85
   29. Dacquoise dadih limau 87
   30. Ara dan Madu Dacquoise 90
   31. Dacquoise dengan buah ara dan delima 92

32. Vanila dan Pic Dacquoise 94
33. Dacquoise buah tropika 96
34. Mangga dan Coconut Dacquoise 98
35. Strawberi dan Basil Dacquoise 100
36. Mandarin Dacquoise 102
37. Hutan Hitam Dacquoise 105
38. Raspberi & Pic Coklat Putih Dacquoise 107
39. Nutella Dacquoise 110
40. Mangga dan Raspberi Dacquoise 112

NUTTY DACQUOISE 114
41. Kek Dacquoise Badam dan Hazelnut 115
42. Oren dan Pistachio Dacquoise 118
43. Coklat dan Hazelnut Dacquoise 120
44. dacquoise Parsi 122
45. Banana Pecan dacquoises 124
46. Ceri dan Badam Dacquoise 126
47. Hazelnut Dacquoise 128
48. Mentega kacang dan jeli dacquoise 132
49. Pistachio Praline Dacquoise 135
50. Karamel-Pecan Dacquoise 139
51. Karamel Masin, Badam & Hazelnut Dacquoise 142
52. Praline-Coklat Dacquoise 147
53. Kek Dacquoise Walnut Perancis 150
54. BerasapMentegascotch Hazelnut Dacquoise 153
55. Badam Nutella Dacquoise 156
56. Kacang tanahDacquoise dengan Kacang tanahMentega Mousse 159
57. Dacquoise Perayaan dengan Krim Baileys 162
58. Coklat Putih & Kacang Pine Dacquoise 165

DACQUOISE BERKAFEINA 168
59. Mocha Dacquoise dengan Rum 169
60. Teh Hijau Dacquoise 172
61. Kopi dan Hazelnut Dacquoise 175
62. Kopi Mentegakrim dan Walnut Dacquoise 177
63. Cappuccino Dacquoise Badam Beku 180
64. Hazelnut-Mocha Dacquoise 183
65. Kopi Rum Kismis Dacquoise 186
66. Coklat-Espresso Dacquoise 189
67. Vanilla Susu Dacquoise dengan Krim Kopi Vanila 193
68. Tiramisu Dacquoise dengan Isi Mascarpone 195
69. Earl Kelabu Dacquoise 198

DACQUOISE BUNGA 201

70. Coklat Lavender Dacquoise 202
71. Strawberi dan Rose Mini Dacquoises 205
72. Hazelnut-Lavender Dacquoises dengan Raspberi 208
73. Kulit kertas Dacquoise 211

SARAPAN BERILHAM DACQUOISE 214
74. Wafel Dacquoise 215
75. Mangkuk Quinoa Dacquoise 217
76. Roti Bakar Perancis Dacquoise 219
77. Mangkuk Smoothie Dacquoise Beri 221
78. Sandwic Sarapan Dacquoise 223
79. Mangkuk Dacquoise Oatmeal 225

SNEK BERINSPIRASI DACQUOISE 227
80. Kuki Sandwich Dacquoise Rose Raspberi 228
81. Biskut Sandwich Praline Dacquoise Coklat 231
82. Biskut Dacquoise Oren 235
83. Sandwich Coklat Marquise Dacquoise 237
84. Lidi Buah Dacquoise 240
85. Celup Kek Keju Dacquoise 242
86. Bola Tenaga Dacquoise 244
87. Bar Granola Dacquoise 246
88. Nachos Epal Dacquoise 248
89. Campuran Jejak Dacquoise 250
90. Dacquoise Nasi Krispie Treats 252

PENJERAHAN DACQUOISE-INSPIRED 254
91. Cawan dacquoise mini 255
92. Kek Dacquoise 257
93. Olok-olok Kiwi dacquoise 260
94. Dacquoise Parfait 262
95. Ais Krim Strawberi Dacquoise 264
96. Chocolate Dacquoise Trifle 266
97. Sandwic Aiskrim Dacquoise 268
98. Tiramisu Dacquoise 270
99. Tartlet Raspberi dan Matcha Dacquoise 273
100. Dacquoise Torte dengan Krim Kopi 276

KESIMPULAN 280

PENGENALAN

Selamat datang ke dunia dacquoise, di mana meringue yang lapang bertemu dengan isi berkrim, mencipta pengalaman pencuci mulut yang tiada hentinya. Dalam buku masakan ini, kami menjemput anda dalam perjalanan yang lazat melalui seni membuat kuih-muih yang halus dan menarik ini.

Dacquoise ialah pencuci mulut yang menggabungkan keanggunan segar meringue dengan kemewahan krim yang kaya dan gabungan rasa mewah. Sama ada anda seorang tukang roti yang berpengalaman atau orang baru di dapur, buku ini ialah panduan anda untuk menguasai rahsia mencipta hidangan halus ini.

Koleksi resipi kami terdiri daripada gabungan rasa klasik kepada kelainan inventif yang akan menggoda selera anda dan membuatkan tetamu anda kagum. Setiap resipi direka dengan teliti dan difoto dengan cantik untuk memberi inspirasi kepada kreativiti masakan anda.

Kami akan membimbing anda melalui teknik penting, berkongsi petua untuk berjaya, dan menyediakan pelbagai resipi dacquoise untuk disesuaikan dengan setiap masa. Sama ada anda merancang majlis makan malam yang elegan atau sekadar menikmati hidangan petang yang manis, anda akan menemui resipi dacquoise yang sempurna untuk meningkatkan permainan pencuci mulut anda.

Jadi, ambil mangkuk adunan anda dan panaskan ketuhar anda. Sudah tiba masanya untuk memulakan pengembaraan dacquoise yang akan memuaskan keinginan anda untuk sesuatu yang manis, halus dan benar-benar ilahi.

FRUITY DACQUOISE

1.Kek Strawberi Dacquoise

BAHAN-BAHAN:
- 1 Genoise (9 inci)
- 2 cawan Mentegakrim
- ¼ cawan Eau de Vie Framboise (brandi raspberi)
- 1 cawan Creme fraiche
- ½ cawan krim kental
- 1 pint Strawberi
- Daun dan bunga strawberi
- 12 Fraise des Bois dengan batang (strawberi liar) (pilihan)

ARAHAN:

a) Mulakan dengan memotong salah satu daripada dua kek genoise 9 inci kepada separuh. "Separuh lapisan" ini akan berfungsi sebagai dua lapisan atas kek anda. Biarkan genoise yang lain utuh; ia akan menjadi lapisan bawah. Taburkan sedikit setiap satu daripada tiga lapisan genoise dengan 2 sudu besar Framboise.

b) Perisakan 2 cawan krim mentega dengan 1 sudu besar Framboise.

c) Pukul creme fraiche dan krim berat bersama-sama sehingga membentuk puncak kaku. Tambah ¼ cawan creme anglaise dan 1 sudu besar Framboise, teruskan pukul sehingga puncak kaku terbentuk semula.

d) Jika strawberi kecil, potong separuh memanjang. Untuk strawberi yang lebih besar, potong secara bersilang menjadi kepingan ½ inci.

e) Mulakan memasang kek dengan menyebarkan lapisan genoise tebal penuh (lapisan bawah) dengan satu pertiga daripada krim mentega. Susun buah beri yang dihiris di sekeliling perimeter kek dengan bahagian yang dipotong menghadap ke luar.

f) Seterusnya, tutup lapisan kek bawah dengan separuh daripada buah beri yang dihiris dan sapukan separuh adunan anglaise krim-krim disebat di atasnya.

g) Ulangi proses yang sama untuk lapisan kedua genoise. Kemudian, letakkan lapisan terakhir di atas dan sapukan lapisan nipis mentegakrim secara rata di atas lapisan atas, ratakan dengan baik.

h) Menggunakan hujung bintang kecil pada paip pastri, buat sempadan yang menarik di sekeliling bahagian atas kek dengan krim mentega yang tinggal. Anda boleh menambah pewarna makanan pada krim mentega pada ketika ini jika mahu.

i) Susun fraise des bois (strawberi liar dengan batangnya) di sepanjang perimeter kek, dan hiaskan dengan daun strawberi dan bunga.

j) Sejukkan kek selama 2 - 4 jam sebelum dihidangkan.

k) Nikmati Kek Strawberi Dacquoise anda yang lazat!

2.Mousse Coklat dan RaspberiDacquoise

BAHAN-BAHAN:
MERINGUES:
- Hazelnut yang dibakar dan dikuliti
- 2 cawan Gula
- ½ sudu teh Garam
- 1 cawan putih telur
- 3 auns coklat pahit manis, cair

MOUSSE:
- 7 auns Coklat pahit, dicincang
- 2 auns coklat tanpa gula, dicincang
- 3 sudu besar Framboise
- ⅓ cawan kopi yang dibancuh kuat
- 1¼ cawan Gula
- 4 biji putih telur besar
- ¼ sudu teh Krim tartar

KRIM PUTAR:
- 5 sudu teh gelatin tanpa rasa
- ¼ cawan Framboise
- 4 cawan krim pekat, sejuk
- ¼ cawan Gula
- 1½ sudu teh Vanila
- 2½ cawan Raspberi, dipetik

HIASAN:
- 3 auns coklat tanpa gula, cair
- 1 cawan Raspberi

ARAHAN:
a) Lapiskan tiga helai baking mentega dengan parchment atau foil dan jejaki bulatan 11" pada setiap helaian parchment.

UNTUK MERINGUES:
b) Dalam pemproses makanan, kisar kacang hazel dengan ½ cawan gula. Pindahkan adunan ke dalam mangkuk dan kacau dalam ½ cawan baki gula dan garam. Kacau dan gebu adunan sehingga sebati.

c) Dalam mangkuk besar, menggunakan pengadun elektrik, pukul putih telur dengan secubit garam sehingga ia memegang puncak lembut. Masukkan baki satu cawan gula secara beransur-ansur, pukul berterusan. Pukul putih telur sehingga ia memegang puncak kaku dan berkilat.

d) Masukkan adunan hazelnut secara perlahan-lahan tetapi teliti, dan pindahkan meringue ke dalam beg pastri yang dilengkapi dengan hujung biasa ½". Bermula di tengah-tengah setiap bulatan kertas, paipkan adunan dalam lingkaran yang ketat untuk mengisi bulatan.

e) Bakar meringues pada tiga rak sama rata atau dalam kelompok dalam ketuhar 250°F yang telah dipanaskan terlebih dahulu. Tukar meringue dari satu rak ke rak yang lain setiap 20 minit, bakar selama kira-kira satu jam atau sehingga ia pejal apabila disentuh.

f) Keluarkan parchment dari lembaran pembakar, biarkan meringues sejuk di atasnya, dan kupas kulit dengan berhati-hati. (Meringues boleh dibuat sehari lebih awal dan disimpan dengan baik dibungkus dalam bungkus plastik pada suhu bilik.)

g) Jika perlu, potong meringu ke saiz seragam menggunakan pisau bergerigi. Simpan meringue yang paling cantik untuk lapisan atas.

h) Sapukan bahagian bawah salah satu meringues yang tinggal dengan coklat cair (ini akan menjadi lapisan tengah). Tempah, coklat sebelah atas.

i) Letakkan baki meringue (ini akan menjadi lapisan bawah) di atas pinggan kek rata yang besar.

UNTUK MOUSSE:
j) Dalam mangkuk kalis haba yang diletakkan di atas air mendidih, cairkan coklat pahit manis dan coklat tanpa gula bersama-sama. Masukkan Framboise dan kopi. Keluarkan dari haba dan biarkan ia sejuk.

k) Dalam mangkuk yang bersih dan kering, pukul putih telur sehingga berbuih. Masukkan krim tartar dan teruskan pukul. Masukkan ¼ cawan gula secara beransur-ansur dan pukul sehingga kaku, puncak berkilat terbentuk.

l) Masukkan putih telur yang telah dipukul perlahan-lahan ke dalam adunan coklat yang telah disejukkan sehingga sebati.

UNTUK KRIM SEBAT:

m) Taburkan gelatin di atas Framboise dalam mangkuk kecil dan biarkan ia lembut selama beberapa minit. Kemudian, microwave selama kira-kira 10 saat sehingga gelatin dibubarkan.

n) Dalam mangkuk besar yang berasingan, pukul krim berat sejuk, gula, dan vanila sehingga puncak lembut terbentuk. Masukkan adunan gelatin secara beransur-ansur dan teruskan pukul sehingga stiff peak terbentuk.

PERHIMPUNAN:

o) Letakkan lapisan bawah meringue di atas pinggan hidangan. Ratakan separuh daripada mousse coklat di atasnya.

p) Tambah lapisan raspberi di atas mousse.

q) Letakkan lapisan meringue dengan coklat cair (lapisan tengah) di atas raspberi.

r) Sapukan baki mousse coklat ke atas lapisan tengah ini.

s) Tambah satu lagi lapisan raspberi.

t) Teratas dengan meringue yang dikhaskan (lapisan atas).

HIASAN:

u) Taburkan coklat cair tanpa gula di atas lapisan atas dan hiaskan dengan raspberi.

v) Sejukkan dacquoise selama sekurang-kurangnya 4 jam, atau semalaman, sebelum dihidangkan.

w) Nikmati Chocolate Mousse dan Raspberi Krim Dacquoise anda!

3.Kek Epal-Tahini Dacquoise

BAHAN-BAHAN:
KEK DACQUOISE:
- 3 sudu besar bijan (tambahan untuk topping pilihan)
- badam panggang masin
- 1 ¾ cawan gula pasir
- ¼ cawan jus epal
- 1 sudu besar krim tartar
- ½ sudu teh garam halal
- 6 putih telur besar, pada suhu bilik

KOMPOT Epal:
- 2 cawan jus epal
- kepingan ½ inci
- 2 sudu besar madu
- ½ sudu teh kayu manis tanah
- ½ sudu teh garam halal
- Jus ½ limau
- ½ cawan bahagian walnut yang dicincang halus (tambahan untuk topping pilihan)

TAHINI MENTEGAKRIM:
- 4 batang (1 paun) mentega tanpa garam, pada suhu bilik
- 1 cawan tahini
- 3 cawan gula kuih-muih
- 1 sudu besar ekstrak vanila tulen
- 1 sudu teh garam halal

ARAHAN:
KEK DACQUOISE:
a) Panaskan ketuhar anda kepada 275°F dan letakkan rak di bahagian atas dan sepertiga bawah. Lapik dua helai pembakar besar dengan kertas parchment.

b) Dalam kuali sederhana di atas api sederhana, bakar biji bijan sehingga perang keemasan (anggaran 3-4 minit), pastikan ia tidak hangus. Pindahkan bijan yang telah dibakar ke dalam pemproses makanan.

c) Masukkan badam panggang dan 1 cawan gula pasir ke dalam pemproses makanan dengan biji bijan. Proses sehingga adunan menyerupai tepung halus. Pindahkan campuran ini ke dalam mangkuk besar dan masukkan jus epal.

d) Dalam mangkuk kalis haba pengadun berdiri atau mangkuk kalis haba yang besar (jika menggunakan pengadun tangan), pukul bersama krim tartar, garam, putih telur dan baki ¾ cawan gula pasir. Letakkan mangkuk ini di atas periuk air mendidih, kecilkan api kepada perlahan, dan pukul sentiasa sehingga adunan bertukar putih dan gula larut sepenuhnya (kira-kira 2-3 minit).

e) Pindahkan mangkuk ke dalam pengadun berdiri yang dilengkapi dengan alat pemukul atau gunakan pengadun tangan. Pukul pada kelajuan sederhana tinggi sehingga stiff peak terbentuk dan adunan menjadi seperti sutera (anggaran 4-5 minit).

f) Lipat perlahan-lahan kira-kira 1 cawan adunan putih telur ke dalam adunan tepung badam menggunakan spatula getah. Berhati-hati lipat baki adunan putih telur ke dalam mangkuk, berhati-hati agar tidak terlalu bercampur. Ketepikan mangkuk pengadun untuk kegunaan kemudian.

g) Bahagikan adunan di antara 3 bulatan yang anda lukis di atas kertas parchment dan ratakan menggunakan spatula offset untuk mengisi bulatan.

h) Bakar selama 1 jam 30 minit, kemudian tukar kedudukan kuali dan teruskan membakar sehingga lapisan meringue padat, kering dan keemasan (lebih kurang 30-45 minit lagi). Lapisan sudah siap apabila ia mudah dikupas kulitnya.

i) Biarkan ia sejuk sedikit di atas lembaran pembakar, kemudian kupas kulit dan pindahkan ke rak penyejuk. Biarkan ia sejuk sepenuhnya, yang sepatutnya mengambil masa kira-kira 1 jam.

KOMPOT Epal:

j) Sementara itu, buat kolak epal. Didihkan jus epal dalam periuk sederhana dengan api yang tinggi. Kurangkan jus separuh (kira-kira 8-10 minit).

k) Perlahankan api kepada sederhana-rendah dan masukkan epal yang dikupas, dibuang biji dan dicincang, madu, kayu manis tanah, garam halal dan jus limau. Masak, kacau sekali-sekala, sehingga epal lembut dan cecair pekat (anggaran 15-20 minit).

l) Lipat bahagian walnut yang dicincang halus, kemudian pindahkan adunan ke dalam mangkuk sederhana untuk menyejukkan sepenuhnya (kira-kira 30 minit).

TAHINI MENTEGAKRIM:
m) Dalam pengadun berdiri yang dipasang dengan lampiran dayung atau menggunakan pengadun tangan, gabungkan mentega suhu bilik dan tahini. Pukul pada kelajuan sederhana sehingga sebati dan ringan dan gebu (anggaran 4-5 minit).

n) Masukkan gula manisan secara beransur-ansur dan pukul sehingga sebati sepenuhnya.

o) Akhir sekali, masukkan ekstrak vanila dan garam kosher, pukul sehingga sebati. Tutup mangkuk dan ketepikan sehingga sedia untuk digunakan.

PERHIMPUNAN:
p) Letakkan 2 lapisan meringue pada loyang. Sapukan satu pertiga daripada krim mentega secara merata pada setiap lapisan meringue, memanjangkannya ke tepi.

q) Bahagikan kolak epal di antara dua lapisan meringue ini, sapukan pada krim mentega tetapi tinggalkan sedikit sempadan di sekeliling tepi.

r) Susun salah satu meringue yang di atas kompot di atas pinggan dan letakkan meringue yang di atas kompot yang lain di atas.

s) Tambah lapisan meringue terakhir di atas, dan tutup seluruh kek dengan krim mentega yang tinggal, mencipta sapuan dan pusaran hiasan.

t) Secara pilihan, hiaskan bahagian atas dengan walnut cincang dan biji bijan.

u) Sejukkan kek selama sekurang-kurangnya 1 jam dan sehingga semalaman sebelum dihidangkan.

v) Biarkan ia berada pada suhu bilik selama 30 minit hingga 1 jam sebelum dihiris dan dihidangkan.

4.Raspberi Dacquoise

BAHAN-BAHAN:
- 7 biji putih telur
- 270g (1 ¼ cawan) gula kastor
- 1 sudu teh krim tartar
- 100g (1 cawan) hidangan hazelnut
- 600ml krim pekat
- 250g raspberi punnet
- Gula aising, untuk habuk

ARAHAN:
a) Panaskan ketuhar anda hingga 160°C dan alaskan tiga dulang pembakar dengan kertas pembakar tidak melekat. Lukiskan cakera 18cm pada setiap kertas yang disediakan.
b) Menggunakan pemukul elektrik, pukul putih telur dalam mangkuk yang bersih dan kering sehingga ia membentuk puncak yang kukuh.
c) Masukkan gula kastor secara beransur-ansur, satu sudu pada satu masa, sambil terus dipukul. Pastikan gula larut sepenuhnya, dan adunan menjadi pekat dan berkilat.
d) Masukkan krim tartar dan tepung hazelnut perlahan-lahan sehingga sebati.
e) Bahagikan campuran meringue sama rata di antara cakera yang disediakan, dan gunakan bahagian belakang sudu untuk melicinkan permukaan.
f) Bakar selama 50 minit atau sehingga meringue menjadi garing. Selepas membakar, matikan ketuhar tetapi biarkan meringue di dalam dengan pintu terbuka sedikit selama 1 jam untuk menyejukkan sepenuhnya.
g) Dalam mangkuk yang berasingan, pukul krim pekat sehingga soft peak terbentuk.
h) Letakkan salah satu cakera meringue pada bekas kek atau pinggan hidangan dan sapukan dengan satu pertiga daripada krim disebat.
i) Teratas krim dengan satu pertiga daripada raspberi.
j) Teruskan melapis dengan menambah baki cakera meringue, krim dan raspberi dengan cara yang sama.
k) Taburkan bahagian atas lapisan terakhir dengan gula aising.

5. Dadih Limau dan Beri Dacquoise

BAHAN-BAHAN:
DACQUOISE:
- ½ cawan (60g) tepung badam
- ½ cawan (60g) gula gula
- 1 cawan (140g) badam panggang dan masin keseluruhan
- 1 cawan (240ml) putih telur pada suhu bilik
- ¼ sudu teh krim tartar
- 1 cawan (200g) gula halus

LIMAU CURD:
- 6 biji kuning telur
- 1 cawan gula
- ½ cawan (120ml) jus limau yang baru diperah
- Perahan 2 biji limau
- ½ cawan (110g) mentega tanpa garam, potong kepada 8 bahagian
- Secubit garam halal

KRIM PUTAR:
- 2 cawan krim putar berat
- 1-2 sudu besar gula gula
- 1 sudu teh ekstrak vanila

BERRI:
- 2 pint (240g) beri segar (beri biru, raspberi, beri hitam)
- Hiasan Coklat Putih (pilihan):
- 1 cawan cip coklat putih, dicairkan
- Debu Kilauan Boleh Dimakan (untuk mengecat)

ARAHAN:
DACQUOISE:
a) Panaskan ketuhar anda kepada 225°F (107°C). Pada dua helai kertas kertas, surih dua bulatan 8 inci (20cm) setiap satu. Letakkan helaian kertas ini secara terbalik pada dua kuali gulung jeli bersaiz 16 kali 11 inci (41cm x 28cm) dan ketepikan.

b) Dalam mangkuk besar, ayak bersama tepung badam dan gula gula. Ketepikan adunan ini.

c) Dalam pemproses makanan, putar badam masin yang dipanggang sehingga hancur, meninggalkan sedikit tekstur.

d) Dalam pengadun berdiri dengan lampiran pukul, satukan putih telur dan krim tartar.

e) Pukul pada kelajuan sederhana tinggi sehingga mereka mula berbuih, yang sepatutnya mengambil masa kira-kira 45 saat. Kemudian, tambah gula halus secara beransur-ansur untuk menghasilkan meringue Perancis. Teruskan pukul dengan tinggi sehingga kaku, puncak berkilat terbentuk (sekitar 1-2 minit lagi).

f) Dengan lampiran pukul, perlahan-lahan lipat adunan tepung badam ke dalam adunan meringue. Kemudian, masukkan badam yang telah ditumbuk.

g) Bahagikan adunan sama rata di antara bulatan yang dikesan pada kertas parchment.

h) Gunakan spatula kek offset untuk meratakan adunan, memastikan semua bulatan mempunyai ketebalan yang sama untuk membakar secara seragam.

i) Bakar sehingga dacquoise kering, yang akan mengambil masa kira-kira 90 minit. Selepas membakar, tutup ketuhar tetapi biarkan pintu terbuka.

j) Biarkan dacquoise duduk di dalam ketuhar penyejuk selama sekurang-kurangnya 2 jam; ia juga boleh dibiarkan seperti ini semalaman, memastikan ia kekal kering.

LIMAU CURD:

k) Dalam mangkuk keluli tahan karat sederhana, pukul bersama kuning telur, gula, jus limau, kulit limau, mentega dan secubit garam halal.

l) Isikan bahagian bawah dandang berganda atau periuk sederhana dengan 1 inci (2.5cm) air dan biarkan ia mendidih dengan api sederhana. Letakkan mangkuk dengan campuran limau di atas air mendidih.

m) Kacau campuran sentiasa dengan spatula getah, pastikan untuk mengikis bahagian tepi mangkuk semasa anda pergi, sehingga dadih limau mula pekat (kira-kira 10 minit). Ia sepatutnya mempunyai konsistensi puding yang licin.

n) Jika terdapat sebarang ketulan dalam dadih, tapis melalui ayak berjaring halus ke dalam bekas cetek. Tutup permukaan dengan bungkus plastik, tekan terus pada dadih untuk mengelakkan kulit daripada terbentuk.

o) Untuk menyejukkan dadih dengan cepat, tetapkan bekas di dalam tab mandi ais atau letakkan di dalam peti sejuk selama kira-kira 15 minit. Kemudian, pindahkan ke peti sejuk di mana ia boleh disimpan sehingga 5 hari.

KRIM PUTAR:

p) Dalam pengadun berdiri dengan lampiran pukul, gabungkan krim putar berat, gula gula dan ekstrak vanila. Pukul pada kelajuan sederhana sehingga pekat. Berhati-hati untuk mengelakkan sebatan yang berlebihan. Pukul tangan selama beberapa saat untuk mencapai konsistensi yang diingini.

HIASAN COKLAT PUTIH (PILIHAN):

q) Sapukan coklat putih dalam lapisan yang sangat nipis pada sekeping kertas parchment. Bekukan coklat dan, selepas beku, cat dengan Debu Luster yang boleh dimakan. Pecahkan menjadi serpihan untuk hiasan. Jika persekitaran anda hangat, pertimbangkan untuk membekukannya seketika selepas mengecat, hanya selama beberapa minit.

BERHIMPUN:

r) Letakkan satu cakera dacquoise di atas pinggan hidangan, tutupnya dengan satu perempat daripada krim disebat, pusingkan satu perempat daripada dadih limau ke dalam krim, dan tambahkannya dengan satu perempat daripada buah beri segar. Ulangi proses ini dengan baki cakera dacquoise, krim disebat, dadih dan beri.

s) Jika dikehendaki, hiaskan dacquoise yang dipasang dengan serpihan coklat putih.

t) Sejukkan dacquoise sekurang-kurangnya 1 jam sebelum dihidangkan untuk memudahkan penghirisan.

6. Dacquoise dengan Krim Mascarpone dan Beri

BAHAN-BAHAN:
UNTUK DACQUOISE:
- 100 gram tepung badam
- 30 gram tepung serba guna
- 60 gram gula manisan + 20 gram (untuk hiasan)
- 125 gram gula putih
- 160 gram putih telur

UNTUK KRIM:
- 1 cawan krim putar berat sejuk
- 4 auns keju mascarpone sejuk
- 3 sudu besar gula gula

UNTUK HIASAN:
- 6 auns beri biru segar
- 6 auns beri hitam segar
- 6 auns raspberi segar

ARAHAN:
UNTUK DACQUOISE:
a) Panaskan ketuhar anda hingga 350°F (180°C). Lapik dua helai pembakar besar dengan kertas parchment. Letakkan loyang bulat 9-inci atau mangkuk pada satu helai kertas parchment dan lukis tiga bulatan dengan pensel. Anda memerlukan dua bulatan pada satu kuali dan satu pada yang lain. Balikkan kertas kertas supaya tandanya menghadap ke bawah.

b) Dalam mangkuk kecil, satukan tepung badam, tepung serba guna dan 60 gram gula gula. Ayak adunan melalui penapis untuk mengeluarkan sebarang gumpalan.

c) Dalam mangkuk adunan yang bersih dan kering, masukkan putih telur dan pukul pada kelajuan rendah sehingga ia menjadi sedikit berbuih.

d) Tingkatkan kelajuan dan teruskan pukul sehingga soft peak terbentuk.

e) Dengan pengadun masih berjalan, perlahan-lahan masukkan gula putih, sedikit demi sedikit. Pukul sehingga stiff peak terbentuk. (Meringue hendaklah cukup stabil untuk mengekalkan bentuknya apabila anda mematikan pengadun dan mengangkatnya.

f) Masukkan adunan tepung secara beransur-ansur dan perlahan-lahan ke dalam meringue menggunakan spatula getah. Gaul sehingga semua bahan sebati. Elakkan mencampurkan secara berlebihan.

g) Isikan beg pastri yang dilengkapi dengan hujung bulat besar dengan meringue. Bermula dari tengah, paipkan dalam lingkaran besar sehingga anda telah mengisi bulatan yang anda lukis sebelum ini pada kertas kulit. Isi bulatan yang tinggal. Taburkan bahagian atas dacquoise dengan baki 20 gram gula manisan dan ketepikan selama 5 minit.

h) Bakar dalam ketuhar yang telah dipanaskan selama 15-20 minit, atau sehingga dacquoise berwarna perang sedikit di atasnya.

i) Keluarkan dacquoise dari ketuhar dan biarkan ia sejuk.

UNTUK KRIM:

j) Dalam mangkuk sederhana, pukul krim putar berat, mascarpone, dan gula gula sehingga puncak kaku terbentuk.

PERHIMPUNAN:

k) Pindahkan satu lapisan dacquoise dengan berhati-hati ke atas bekas kek dan sendukkan sejumlah besar krim mascarpone ke atas kek.

l) Teratas krim dengan beri segar.

m) Ulangi proses dengan lapisan kedua dan ketiga, topping lapisan terakhir dengan baki beri.

n) Nikmati Dacquoise anda dengan Mascarpone Whipped Krim dan Beri Segar!

o)

7.Krim Ceri Dacquoise

BAHAN-BAHAN:
UNTUK DACQUOISE:
- 180g (1½ cawan) gula aising
- 160g (1⅔ cawan) tepung badam
- 6 putih telur besar
- Sedikit garam
- ½ sudu teh krim tartar
- 60g (¼ cawan) gula kastor

UNTUK PENGISIAN:
- 200g (6 auns) segar atau beku dan dicairkan, diadu ceri gelap
- 120g (½ cawan) gula kastor
- ¾ cawan air
- 1 sudu teh jus limau
- 500ml (2 cawan) krim berganda

UNTUK TOPPING:
- 30g (1 auns) coklat gelap
- Gula aising

ARAHAN:

a) Mula-mula, buat dacquoise: Panaskan ketuhar kepada 130°C (kipas jika boleh)/250°F/gas ½. Mentega bahagian bawah dulang pembakar terbesar anda dan lekatkan selembar kertas padanya.

b) Lukiskan tiga bulatan, setiap satu berdiameter 20cm, pada kertas kulit. Anda juga boleh menggunakan pusingan parchment yang telah dipotong sebelumnya. Jika tiga bulatan tidak muat, gunakan dua dulang.

c) Kacau gula aising dan tepung badam bersama dalam mangkuk. Pukul putih telur dengan secubit garam sehingga berbuih, masukkan krim tartar, dan pukul sehingga lembut. Masukkan gula kastor dalam tiga atau empat bahagian, pukul sentiasa, sehingga anda mempunyai meringue lembut.

d) Tuangkan adunan gula badam ke atas meringue dan lipat dengan spatula. Pindahkan campuran ke dalam beg paip dengan muncung biasa yang besar atau ke dalam beg penyejuk beku, dan potong sudut 1.5cm.

e) Paipkan adunan pada bulatan yang ditanda, bermula dari tengah setiap satu dalam bentuk lingkaran. Pindahkan ke dalam ketuhar dan bakar selama 1 jam 30 minit. Jika anda mempunyai dua dulang, tukarkannya di tengah-tengah untuk memastikan penaik sekata.

Matikan ketuhar dan biarkan dacquoise di dalam selama 1 jam 30 minit lagi atau semalaman. Kupas kulit.

f) Semasa dacquoise dibakar, sediakan ceri: Letakkannya dalam periuk besar dengan gula, air, dan jus limau, dan biarkan mendidih. Pastikan mereka mendidih dengan kuat selama 30 minit; kacau perlahan-lahan pada akhir memasak untuk memeriksa sama ada ceri tidak menangkap di bahagian bawah. Tanggalkan kuali dari api dan sejukkan.

g) Pukul krim ke puncak lembut. Lipat dalam ceri, tapis dengan sudu berlubang, simpan beberapa untuk hiasan (sirap boleh digunakan dalam minuman atau atas ais krim).

h) Letakkan satu cakera dacquoise di atas pinggan atau tempat duduk kek, rata ke bawah.

i) Sapukan separuh krim ceri di atasnya dan tutup dengan cakera lain, rata ke atas.

j) Sapukan krim yang tinggal di atasnya dan tutupnya dengan cakera terakhir (tempah yang paling kemas untuk ini). Taburkan dengan gula aising dan hiaskan dengan ceri.

k) Cairkan coklat gelap dalam bain-marie atau microwave pada kuasa rendah. Gerimis di atas kek menggunakan garfu.

l) Sejukkan di dalam peti sejuk selama sekurang-kurangnya 2 jam sebelum dihidangkan supaya krim melembutkan sedikit dacquoise.

m) Ia akan disimpan selama 2-3 hari di dalam peti sejuk, tetapi lapisan dacquoise akan lebih lembut.

8.Strawberi & Buah Markisa Dacquoise

BAHAN-BAHAN:
UNTUK LAPISAN MERINGUE NUTTY:
- 250g hazelnut yang dicelur atau campuran kacang
- 6 putih telur besar, pada suhu bilik
- 300g gula halus
- 30g tepung jagung

UNTUK LIMAU CRÈME MOUSSELINE:
- 500ml susu
- 130g gula halus
- 3 biji kuning telur besar
- 70g tepung jagung
- 250g mentega tanpa garam, ditumbuk kasar dan dilembutkan
- 1 sudu teh ekstrak vanila
- 3-4 sudu teh serbuk limau
- Parut kulit 2 biji limau nipis
- 100-150g coklat putih, cair & sejukkan

UNTUK MENAMATKAN:
- Lebih kurang 8 sudu besar dadih limau berkualiti baik
- Strawberi segar (secara pilihan direndam dalam beberapa sudu limoncello atau minuman keras pilihan)
- Kira-kira 100g kacang panggang ringan, dicincang

ARAHAN:
UNTUK LAPISAN HAZELNUT MERINGUE:
a) Panaskan ketuhar anda kepada 125°C (kipas) atau 250°F. Gariskan empat bulatan berdiameter 20cm pada kertas pembakar tidak melekat, kemudian balikkan kulit kertas supaya tanda pensel berada di bahagian bawah.

b) Jika memanggang sendiri kacang, bakar dalam ketuhar pada suhu 150°C selama kira-kira 15 minit sehingga perang keemasan. Cincang halus atau tumbuk dalam pemproses makanan sehingga menyerupai serbuk halus.

c) Campurkan tepung jagung dan satu pertiga daripada gula dengan kacang cincang halus dalam mangkuk besar.

d) Dalam mangkuk yang bersih dan kering, pukul putih telur sehingga soft peak terbentuk. Masukkan baki gula secara beransur-ansur, satu sudu pada satu masa, sambil dipukul, sehingga anda mempunyai meringue yang licin dan kaku.

e) Masukkan adunan kacang perlahan-lahan ke dalam meringue sehingga sebati.

f) Sapukan atau sendukkan adunan ke atas bulatan yang dilukis, bermula dari tengah dan ke arah luar.

g) Bakar selama 50 minit, putar dulang separuh jalan untuk membakar sekata. Jika membuat tiga lapisan dan bukannya empat, bakar selama satu jam.

h) Matikan ketuhar dan biarkan meringue di dalam sehingga ketuhar sejuk.

UNTUK LIMAU CRÈME MOUSSELINE:
i) Masukkan susu ke dalam periuk sederhana dan biarkan ia mendidih. Keluarkan dari haba.

j) Dalam mangkuk sederhana, pukul bersama kuning telur, gula kastor, kulit limau, serbuk limau, dan tepung jagung sehingga sebati. Tuangkan susu panas ke dalam adunan telur sambil dipukul berterusan.

k) Kembalikan bancuhan kastard ke dalam periuk bersih dan panaskan dengan api sederhana sehingga mendidih, kacau sentiasa. Biarkan mendidih selama 4-5 minit sehingga sangat pekat. Tutup dengan filem berpaut dan biarkan sejuk.

l) Letakkan kastard yang telah disejukkan dalam pengadun makanan dengan lampiran pukul. Masukkan mentega lembut, sedikit demi sedikit, sambil digaul pada kelajuan sederhana tinggi.

m) Masukkan separuh daripada coklat putih yang telah disejukkan dengan whisk masih berjalan. Kemudian masukkan coklat yang tinggal dan pukul selama beberapa minit lagi sehingga anda mempunyai campuran ringan seperti mousse. Jika ia kelihatan berbutir, pukul dengan tambahan 50g coklat cair yang telah disejukkan sehingga rata.

n) Sejukkan campuran selama kira-kira sejam sehingga ia mencapai konsistensi yang lebih pekat tetapi boleh disebarkan.

UNTUK MEMASANG:

o) Letakkan salah satu lapisan meringue yang telah disejukkan pada hidangan hidangan atau papan kek, menggunakan sedikit mousseline crème untuk menahannya di tempatnya.

p) Sapukan sedikit inti di atasnya dan pusingkan satu atau dua sudu besar dadih limau di atasnya.

q) Letakkan lapisan meringue seterusnya di atas dan tekan perlahan-lahan. Ulangi dengan lapisan yang tinggal.

r) Sapukan sedikit inti di atas dan di sekeliling tepi. Tepuk kacang panggang di sekeliling sisi, mengisi sebarang celah.

s) Susun strawberi di atas, dan jangan risau tentang sebarang minuman keras yang menitis di bahagian atas atau ke bawah.

t) Sejukkan selama sekurang-kurangnya beberapa jam untuk membolehkan inti ditetapkan.

9. Plum Dacquoise

BAHAN-BAHAN:
- 6 biji putih telur
- ¼ sudu teh krim tartar
- 1 cawan ditambah 3 sudu besar gula pasir, dibahagikan
- 1½ cawan badam panggang
- 1 sudu teh ekstrak vanila
- Ganache Coklat Putih
- Amaretto Mentegakrim
- 1 cawan plum mengekalkan
- badam panggang
- Hiasan: badam keseluruhan, buah plum yang dihiris, keriting coklat putih

ARAHAN:
a) Panaskan ketuhar hingga 250°F. Lapik 2 helai pembakar dengan kertas parchment.
b) Dalam mangkuk besar, pukul putih telur dan krim tartar dengan pengadun pada kelajuan tinggi sehingga adunan berbuih.
c) Masukkan 3 sudu besar gula secara beransur-ansur, pukul sehingga membentuk puncak kaku.
d) Dalam mangkuk kerja pemproses makanan, satukan badam panggang dan baki 1 cawan gula. Proses sehingga badam dikisar (kira-kira konsistensi pasir pantai yang kasar).
e) Masukkan adunan badam perlahan-lahan ke dalam adunan putih telur. Lipat dalam ekstrak vanila.
f) Sudukan adunan ke dalam piping bag besar yang dipasang dengan hujung bulat besar.
g) Paip 4 (10x4 inci) segi empat tepat pada kuali yang disediakan. Menggunakan spatula mengimbangi, ratakan permukaan meringu dengan lembut.
h) Bakar sehingga meringue padat, kira-kira 3 jam. Matikan ketuhar dan biarkan meringue di dalam ketuhar dengan pintu tertutup selama 6 jam.
i) Dengan menggunakan pisau bergerigi, potong meringu dengan sangat lembut untuk menjadikan semua sisi lurus dan semua meringu bersaiz seragam.
j) Letakkan rak dawai di atas kertas parchment. Letakkan 3 meringue di atas rak. Sapukan ¼ cawan White Chocolate Ganache secara merata

pada setiap meringue, dan tutup baki ganache dengan bungkus plastik. Sejukkan meringues sehingga ganache ditetapkan, kira-kira 15 minit.

k) Menggunakan spatula offset, sapukan bahagian atas baki meringue dengan ⅓ cawan Amaretto Mentegakrim; letak di atas pinggan hidangan.

l) Sapukan dengan ⅓ cawan pengawet. Terbalikkan 1 meringue bersalut ganache, letakkan di atas pengawet dan tekan perlahan-lahan hingga rata. Ulangi proses, taburkan meringue dengan ⅓ cawan krim mentega dan ⅓ cawan pengawet, dan topping dengan meringue bersalut ganache terbalik.

m) Sapukan bahagian atas dengan ⅓ cawan krim mentega dan baki ⅓ cawan kekal. Terbalikkan meringue bersalut ganache terakhir di atas kek.

n) Gunakan 1 tangan untuk menstabilkan bahagian atas kek; sapukan separuh daripada baki krim mentega untuk menyalut sedikit bahagian tepi kek, dan kemudian gunakan krim mentega yang tinggal untuk menyalut bahagian atas kek.

o) Ratakan sehingga kek menyerupai kotak.

p) Sejukkan sehingga krim mentega padat, kira-kira 2 jam.

q) Dalam mangkuk tahan panas yang diletakkan di atas air yang mendidih, panaskan baki ganache sehingga ia boleh dituang tetapi tidak panas.

r) Sapukan lapisan nipis ganache dengan cepat di atas dan tepi kek. Segera tekan hirisan badam ke bahagian tepi kek.

s) Sejukkan sekurang-kurangnya 3 jam atau sehingga 2 hari. Hiaskan dengan badam keseluruhan, hirisan plum dan keriting coklat putih, jika dikehendaki.

10. Coconut Dacquoise dengan Piña Colada Krim

BAHAN-BAHAN:
UNTUK KRIM PIÑA COLADA:
- 300 mililiter puri atau krim kelapa
- 75 gram gula halus
- 15 gram gelatin, lembut dan lebihan air diperah keluar
- 150 mililiter crème fraiche
- 370 mililiter krim putar (35% lemak)
- 50 mililiter rum Malibu

UNTUK 'SPONGE' COCONUT DACQUOISE:
- 200 gram tepung badam yang dicelur
- 60 gram tepung biasa
- 240 gram gula aising
- 300 gram putih telur
- 135 gram gula kastor
- 300 gram kelapa kering

UNTUK FEUILLETIN:
- 400 gram coklat putih
- 150 gram Pailleté yang dicincang Feuilletine

Untuk Cakera Coklat Putih:
- 400 gram coklat putih

UNTUK MASUK:
- Buah tropika segar seperti nanas, mangga, betik atau pulpa markisa, mengikut musim
- Tangkai balsem limau

ARAHAN:
KRIM PIÑA COLADA:
a) Dalam periuk kecil, panaskan puri/krim kelapa dan gula.
b) Keluarkan dari api dan masukkan gelatin lembut.
c) Tuang adunan ke dalam mangkuk dan pukul dalam crème fraiche.
d) Biarkan adunan sejuk sehingga separuh set.
e) Setelah separuh set, pukul sekali lagi dengan tangan dan masukkan krim separa putar, diikuti dengan rum Malibu.
f) Masukkan adunan dalam piping bag dan sejukkan.

KELAPA DACQUOISE 'SPONGE':
g) Ayak bersama tepung badam, tepung biasa, dan gula aising.
h) Dalam pengadun berdiri, pukul putih telur sehingga puncak lembut, tambah gula kastor secara beransur-ansur.

i) Keluarkan adunan dari mesin dan masukkan bahan kering yang telah diayak perlahan-lahan bersama kelapa kering.

j) Sapukan adunan pada dua dulang beralas kertas pembakar silikon, dengan 400 gram setiap dulang.

k) Bakar pada suhu 160°C (325°F) selama 6 minit, atau sehingga masak.

l) Keluarkan dari ketuhar dan segera pindahkan ke rak dawai untuk menyejukkan dengan cepat.

FEUILLETIN:

m) Cairkan coklat putih dan campurkan dalam Pailleté Feuilletine .

n) Sapukan adunan ini secara rata pada 'span' dacquoise yang telah disejukkan.

o) Letakkannya di dalam peti sejuk.

CAKERA COKLAT PUTIH:

p) Panaskan coklat putih.

q) Sapukan nipis pada kepingan asetat.

r) Setelah separuh set, potong ke dalam 20 cakera berdiameter 5.5 cm (2 1⁄8 inci) dan 20 cakera berdiameter 5.5 cm (2 1⁄8 inci) dengan potongan lubang 3 cm (11⁄8 inci). keluar di tengah.

BERHIMPUN:

s) Untuk setiap 20 kek, potong 'span' dacquoise menjadi diameter 5.5 cm (2 1⁄8 inci).

t) Letakkan cakera coklat putih 5.5 cm di atas.

u) Paipkan bulatan kecil krim piña colada di sekeliling cakera, kemudian letakkan cakera coklat putih dengan bahagian tengah dipotong di atas.

v) Di tengah, letakkan dadu buah tropika.

w) Hiaskan setiap kek dengan tiga tangkai balsem limau.

11. Strawberi dan Pudina Dacquoise

BAHAN-BAHAN:
- 4 biji putih telur
- 1 cawan gula kastor
- 1 sudu teh cuka putih
- 1 sudu teh tepung jagung
- 1 cawan krim putar
- 1 cawan hirisan strawberi segar
- daun pudina segar dicincang

ARAHAN

a) Panaskan ketuhar hingga 300°F (150°C). Lapik loyang dengan kertas parchment.

b) Pukul putih telur sehingga stiff peak terbentuk. Secara beransur-ansur tambah gula, satu sudu pada satu masa, pukul dengan baik selepas setiap penambahan.

c) Masukkan cuka dan tepung jagung dan pukul sehingga sebati.

d) Sendukkan adunan ke atas loyang yang disediakan untuk membentuk bulatan 8 inci (20 cm).

e) Menggunakan spatula, buat perigi di tengah dacquoise.

f) Bakar selama 1 jam atau sehingga dacquoise garing di luar dan lembut di dalam.

g) Biarkan sejuk sepenuhnya.

h) Sapukan krim putar di atas dacquoise. Masukkan strawberi yang telah dihiris dan taburkan daun pudina yang telah dihiris.

12. Dacquoise Nectarine

BAHAN-BAHAN:
- 2 sudu besar gula pasir
- 2 cawan air
- 1 batang kayu manis
- 2 keping kulit limau
- 1 buah vanila
- 8 nektarin atau aprikot
- 4 putih telur jarak bebas sederhana
- 200 gram gula halus
- 100 gram badam yang dihiris
- 1 secubit krim tartar
- 300 mililiter krim berganda, disebat (untuk sandwic)
- Gula aising (untuk hiasan)

ARAHAN:

MENURUT NEKTARINA:

a) Larutkan gula pasir di dalam air dalam kuali bersaiz sederhana di atas dapur.

b) Masukkan batang kayu manis, kulit limau, dan pod vanila. Biarkan adunan mendidih dan masak selama 1 minit.

MENYEDIAKAN NEKTARINA:

c) Belah separuh nektarin dan keluarkan batu jika boleh.

d) Masukkan nektarin, potong ke bawah, ke dalam kuali. Rebus perlahan-lahan selama kira-kira 12-15 minit, atau sehingga ia menjadi lembut.

e) Biarkan nektari rebus sejuk dalam cecair.

f) Keluarkan separuh daripada nektarin dari sirap, toskannya sebentar, dan kembalikan sirap yang telah ditoskan ke dalam kuali.

g) Potong daging nektarin yang anda keluarkan dan simpannya.

h) Ulangi proses yang sama dengan baki nektar, tetapi kembalikan ini ke kuali.

MENYEDIAKAN MERINGUE:

i) Panaskan ketuhar anda hingga 140°C.

j) Pukul putih telur sehingga ia menjadi sangat kaku. Ini boleh dicapai menggunakan pukul belon dan mangkuk besar tanpa lemak.

k) Tambah 4 sudu teh gula kastor dan pukul selama 1 minit tambahan.

l) Menggunakan sudu adunan besar, masukkan baki gula, badam yang dihiris dan krim tartar perlahan-lahan sehingga sebati.

MEMBAKAR MERINGU:

m) Sediakan dua helai pembakar yang dialas dengan kertas pembakar, setiap satu dengan bulatan 18cm yang dikesan dengan pensel (terbalikkan kertas untuk mengelakkan tanda pensel terkena meringue).

n) Sapukan campuran meringue ke dalam bulatan di atas kertas, ratakan tepi tanpa pengendalian yang berlebihan.

o) Bakar meringue selama sekurang-kurangnya 1¼ jam, tetapi ia mungkin mengambil masa sehingga 1 jam 50 minit. Tukar dulang sekali-sekala.

p) Apabila ia selesai, bahagian bawah sepatutnya tidak mempunyai tompok melekit, dan kertas akan mudah terkelupas. Untuk menyemak, balikkan satu meringue ke tangan anda yang dihulurkan. Jika sudah siap, kertas akan mudah tercabut.

MEMASANG DACQUOISE:

q) Biarkan meringue sejuk di atas rak.

r) Sandwic mereka dengan krim putar dan nektarin cincang yang dikhaskan.

s) Sejukkan sekurang-kurangnya 4 jam.

t) Sebelum dihidangkan, taburkan bahagian atas dengan gula aising.

u) Hidangkan baki nektari dalam sirap bersama. Nikmati!

13.Cranberi dan Mango Dacquoise

BAHAN-BAHAN:
KOMPOT CRANBERI:
- 140g cranberi kering
- 60ml air
- 50g gula
- 10g jus limau
- 1 sudu besar tepung jagung
- Secubit serbuk kayu manis
- 5g serbuk gelatin & 25g air

KRIM MANGGA:
- 220g puri mangga
- 30g mentega
- Secubit serbuk kayu manis
- 52g kuning telur
- 52g gula
- 20g kanji kentang
- 65g mentega (lembut)
- 125g krim berat

DACQUOISE:
- 100g tepung badam
- 100g gula aising
- 28g tepung serba guna
- Secubit serbuk kayu manis
- 120g putih telur
- 80g gula

HIASAN:
- Gula aising
- Cranberi dihiris

ARAHAN:

KOMPOT CRANBERI:

a) Larutkan serbuk gelatin dalam air panas dan simpan di dalam tab mandi air panas.

b) Dalam periuk, satukan cranberi, air, gula dan jus limau. Biarkan mendidih.

c) Masukkan serbuk kayu manis dan tepung jagung, kemudian reneh selama 6 – 8 minit.

d) Keluarkan dari haba dan campurkan dalam jisim gelatin.

e) Gunakan pengisar untuk menjadikannya licin.

f) Tuangkan adunan ke dalam cincin tart 16 inci dengan lembaran kertas atau filem berpaut di bahagian bawah.

g) Biarkan semalaman di dalam peti ais.

KRIM MANGGA:

h) Satukan puri mangga dengan 35g mentega dalam periuk dengan api sederhana.

i) Masukkan gula ke dalam kuning telur dan pukul sehingga pucat; masukkan tepung kentang dan gaul.

j) Apabila puri itu mendidih, tambahkan ⅓ daripadanya ke dalam adunan kuning telur dan gaul; tuangkan ini ke dalam baki dalam periuk, tambah serbuk kayu manis, dan gaul.

k) Biarkan ini mendidih sambil terus dipukul.

l) Tuangkannya ke dalam mangkuk dan sejukkan selama sekurang-kurangnya satu jam.

m) Pukul krim mangga yang telah disejukkan sehingga rata.

n) Pukul 75g mentega dan masukkan ke dalam krim mangga.

o) Pukul krim sehingga padat, dan pukul separuh daripada krim mangga, kemudian perlahan-lahan lipat dalam baki.

p) Pindahkan ke beg paip yang dipasang dengan muncung bintang.

DACQUOISE:

q) Satukan tepung badam, gula aising, tepung serba guna dan serbuk kayu manis dalam mangkuk dan ketepikan.

r) Pukul putih telur, masukkan gula secara berperingkat, sehingga membentuk puncak kaku.

s) Masukkan perlahan-lahan bahan kering ke dalam putih telur menggunakan spatula sehingga hampir sebati.

t) Pindahkan ke beg paip yang dipasang dengan muncung bersaiz besar biasa.
u) Panaskan ketuhar hingga 200°C.
v) Lukiskan dua bulatan berdiameter 18cm pada loyang dan letakkan di atas dulang pembakar.
w) Paipkan adunan dalam corak lingkaran pada dua bulatan.
x) Taburkan gula aising ke seluruh dan bakar selama 18 – 20 minit.

PERHIMPUNAN:
y) Letakkan satu cakera dacquoise pada pinggan bulat.
z) Keluarkan filem berpaut dan cincin tart dari kompot Cranberi dan letakkan pada dacquoise.
aa) Sapukan krim mangga di sekeliling tepi dacquoise, paipkan ke dalam atau secara berpusing. Paipkan baki krim dalam lingkaran, tutup sepenuhnya cakera kompot.
bb) Letakkan cakera dacquoise yang lain di atas.
cc) Untuk hiasan, taburkan bahagian atas dengan gula aising dan hirisan cranberi.
dd) Sejukkan selama dua jam sebelum dihidangkan. Nikmati!

14. Dacquoise Anggur

BAHAN-BAHAN:
UNTUK GRAPE MOUSSE:
- 35g Yogurt Biasa
- 10g Gula
- ½ sudu teh Ekstrak Vanila
- 20g Puree Anggur
- 1g Daun Gelatin
- 25g krim putar

UNTUK JELLY ANGGUR:
- 66g Jeli Anggur
- 30g Air

UNTUK DACQUOISE:
- Meringue (65g putih telur + 20g gula)
- 52g serbuk badam
- 35g Gula Serbuk
- 12g Tepung Kek

UNTUK KRIM SEBAT:
- 100g Whipping Krim
- 20g Puree Anggur

ARAHAN:
MOUSSE ANGGUR:
a) Campurkan yogurt biasa, gula, ekstrak vanila, dan puri anggur.
b) Masukkan gelatin cair dan gaul sehingga sebati.
c) Masukkan krim putar.
d) Masukkan adunan ke dalam acuan dan bekukan selama 1 jam untuk set.

JELI ANGGUR:
e) Satukan jeli anggur dan air dalam bikar.
f) Ketuhar gelombang mikro selama kira-kira 30 saat untuk mencairkan jeli.
g) Tuangkan adunan jeli cair ke dalam acuan dan sejukkan selama kira-kira 30 minit untuk ditetapkan.

DACQUOISE:
h) Sediakan meringue dengan pukul bersama 65g putih telur dan 20g gula sehingga membentuk puncak kaku.
i) Ayak serbuk badam, gula halus dan tepung kek ke dalam meringue. Perlahan-lahan lipat untuk menggabungkan.
j) Paipkan adunan menjadi bentuk anggur pada kuali ketuhar.
k) Ratakan bentuk dan taburkan gula tepung di atas dua kali.
l) Bakar dalam ketuhar yang telah dipanaskan pada suhu 180 darjah celcius selama 16-20 minit.
m) Sebaik sahaja keluar dari ketuhar, gunakan sudu untuk meratakan bahagian atasnya.

KRIM PUTAR:
n) Pukul krim putar sehingga ia membentuk puncak kaku.
o) Lipat dalam puri anggur.

PERHIMPUNAN:
p) Sapukan krim anggur yang disebat ke atas dacquoise.
q) Letakkan mousse anggur dan jeli anggur di atas.
r) Hidangkan dan nikmati Grape Dacquoise anda!

15. Mangga dan Buah Markisa Dacquoise

BAHAN-BAHAN:
- 4 biji putih telur
- 1 cawan gula kastor
- 1 sudu teh cuka putih
- 1 sudu teh tepung jagung
- 1 cawan krim putar
- 1 cawan hirisan mangga segar
- ¼ cawan pulpa markisa
- ¼ cawan kelapa bakar

ARAHAN

a) Panaskan ketuhar hingga 300°F (150°C). Lapik loyang dengan kertas parchment.

b) Pukul putih telur sehingga stiff peak terbentuk. Secara beransur-ansur tambah gula, satu sudu pada satu masa, pukul dengan baik selepas setiap penambahan.

c) Masukkan cuka dan tepung jagung dan pukul sehingga sebati.

d) Sendukkan adunan ke atas loyang yang disediakan untuk membentuk bulatan 8 inci (20 cm).

e) Menggunakan spatula, buat perigi di tengah dacquoise.

f) Bakar selama 1 jam atau sehingga dacquoise garing di luar dan lembut di dalam.

g) Biarkan sejuk sepenuhnya.

h) Sapukan krim putar di atas dacquoise. Masukkan hirisan mangga dan gerimis dengan pulpa markisa. Taburkan dengan kelapa bakar.

16. Pina colada dacquoise

BAHAN-BAHAN:

MERINGUE
- 5 putih telur, suhu bilik
- ¼ sudu teh krim tartar
- 1 ½ cawan gula halus
- 2 sudu kecil tepung jagung
- 1 sudu teh cuka sari apel
- ½ sudu teh esen vanila

CURD NENAS
- 1 cawan jus nanas
- ¼ cawan gula
- 3 biji kuning telur
- 2 ½ sudu besar tepung jagung
- secubit garam
- 50 gram mentega, potong kiub kecil
- 1 sudu besar Malibu

KRIM YOGHURT
- 300 mililiter krim
- 2 sudu besar gula aising
- ½ cawan yoghurt kelapa pekat

UNTUK BERKHIDMAT
- 1 cawan nenas segar yang dicincang halus dicampur dengan 2 sudu teh Malibu
- ⅓ cawan kelapa parut yang dibakar ringan
- bunga nanas kering

ARAHAN

a) Untuk membuat meringue, panaskan ketuhar hingga 120°C. Alas 2 dulang pembakar dengan kertas pembakar dan lukis bulatan berdiameter 20cm pada setiap satu.

b) Pukul putih telur dan krim tartar bersama-sama ke peringkat puncak lembut.

c) Masukkan gula kastor secara beransur-ansur dan teruskan pukul selama 6-8 minit sehingga adunan menjadi kaku dan berkilat. Masukkan tepung jagung, cuka dan esen vanila.

d) Longgokan meringue ke atas dulang yang disediakan, sebarkan di dalam sempadan bulatan yang dilukis. Bakar dalam ketuhar yang telah dipanaskan selama 2 jam. Biarkan sejuk di dalam ketuhar.

e) Untuk membuat dadih, masukkan jus nenas, gula, kuning telur, tepung jagung dan garam dalam kuali kecil. Pukul berterusan dengan api sederhana sehingga ia menjadi sangat pekat.

f) Keluarkan dari api, pukul mentega dan tapis melalui ayak ke dalam mangkuk. Masukkan Malibu dan sejukkan.

g) Untuk membuat krim yogurt, pukul bersama krim dan gula aising sehingga pekat. Masukkan yogurt dan pukul untuk pastikan ia masih pekat. Mengetepikan.

h) Untuk memasang, letakkan satu lapisan meringue di atas pinggan atau pinggan hidangan. Kacau cepat dadih nenas supaya ia licin dan sapukan separuh daripadanya pada meringue. Teratas dengan separuh nanas cincang dan lapisan krim yogurt. Taburkan separuh kelapa. Letakkan lapisan meringue kedua dengan berhati-hati di atas dan ulangi dengan baki dadih, nanas segar dan krim (pusar paip jika dikehendaki). Teratas dengan baki bunga kelapa dan nanas.

UNTUK MENGHIAS (BUNGA NENAS)

i) Untuk membuat bunga nanas, letakkan hirisan nanas segar yang sangat nipis pada dulang pembakar yang dialas kertas pembakar.

j) Keringkan dalam ketuhar yang perlahan dan rendah (120°C) selama 2-3 jam dengan pintu terbuka sedikit. Pusing separuh masa memasak.

k) Mereka perlu sangat kering dan sedikit berwarna - lebih tebal hirisan, lebih lama masa yang diperlukan jadi dapatkan mereka nipis yang mungkin.

l) Letakkan kepingan dalam periuk muffin mini untuk membentuk bentuk bunga. Simpan dalam bekas kedap udara.

m) Terbaik dibuat tidak lebih awal daripada hari sebelum menghidangkan dacquoise anda.

17. Dacquoise Oren Tanpa Telur

BAHAN-BAHAN:
UNTUK LAPISAN DACQUOISE:
- 1 cawan aquafaba, pada suhu bilik
- 1 cawan gula pasir
- 1 sudu teh krim tartar
- 1 sudu teh ekstrak vanila
- Serbuk 1 oren
- 1 cawan badam kisar
- ½ cawan gula tepung (gula aising)
- ¼ cawan tepung serba guna
- ¼ sudu teh garam

UNTUK OREN MENTEGAKRIM:
- ½ cawan mentega tanpa garam, dilembutkan
- 2 cawan gula halus (gula aising)
- 2 sudu besar jus oren yang baru diperah
- Serbuk 1 oren
- 1 sudu teh ekstrak vanila

UNTUK PERHIMPUNAN:
- Marmalade oren atau dadih oren untuk mengisi
- Hirisan oren atau kulit oren bergula untuk hiasan (pilihan)

ARAHAN:
UNTUK LAPISAN DACQUOISE:

a) Panaskan ketuhar anda hingga 275°F (135°C). Lapik dua helai baking dengan kertas parchment.

b) Dalam mangkuk adunan yang bersih dan kering, masukkan aquafaba dan krim tartar.

c) Menggunakan pengadun tangan atau pengadun berdiri dengan lampiran pukul, pukul aquafaba pada kelajuan tinggi sehingga puncak tegar terbentuk. Ini mungkin mengambil masa sekitar 10-15 minit.

d) Masukkan gula pasir secara beransur-ansur, satu sudu pada satu masa, sambil terus memecut aquafaba. Pukul sehingga adunan menjadi berkilat dan membentuk puncak kaku. Ini boleh mengambil sedikit masa, jadi bersabarlah.

e) Lipat perlahan-lahan ekstrak vanila dan kulit oren ke dalam campuran aquafaba.

f) Dalam mangkuk yang berasingan, ayak bersama badam kisar, gula tepung, tepung serba guna dan garam.

g) Berhati-hati lipat adunan badam ke dalam adunan aquafaba yang disebat sehingga sebati.

h) Pindahkan adunan dacquoise ke dalam piping bag yang dipasang dengan hujung bulat besar.

i) Paipkan adunan menjadi bulat atau segi empat tepat pada loyang yang telah disediakan. Anda boleh membuat dacquoise individu kecil atau besar, bergantung pada pilihan anda.

j) Bakar dalam ketuhar yang telah dipanaskan selama kira-kira 45-60 minit atau sehingga dacquoise padat dan sedikit keemasan. Putar lembaran pembakar separuh sepanjang masa membakar untuk memasak sekata.

k) Setelah selesai, keluarkan dari ketuhar dan biarkan lapisan dacquoise sejuk sepenuhnya di atas loyang.

UNTUK OREN MENTEGAKRIM:

l) Dalam mangkuk adunan, pukul mentega lembut sehingga berkrim dan licin.

m) Masukkan gula halus secara beransur-ansur dan pukul hingga sebati dan kembang.

n) Campurkan jus oren yang baru diperah, kulit oren, dan ekstrak vanila. Teruskan pukul sehingga mentegakrim ringan dan gebu.

PERHIMPUNAN:

o) Letakkan satu lapisan dacquoise pada pinggan hidangan atau tempat kek.

p) Sapukan lapisan marmalade oren atau dadih oren secara rata di atas lapisan dacquoise.

q) Tambah lapisan krim mentega oren di atas marmalade atau dadih.

r) Letakkan lapisan dacquoise kedua dengan berhati-hati di atas krim mentega.

s) Ulangi proses jika anda mempunyai lapisan tambahan.

t) Selesai dengan menghias dengan hirisan oren atau kulit oren manisan, jika mahu.

u) Hiris dan sajikan dacquoise oren tanpa telur anda sebagai pencuci mulut yang menarik. Nikmati!

18. Pavlov dengan Sos Raspberi

BAHAN-BAHAN:
UNTUK MERINGU
- 3 putih telur besar, pada suhu bilik
- ½ sudu teh krim tartar
- secubit garam
- ⅔ cawan gula pasir
- 2 sudu teh tepung jagung
- 1 sudu teh cuka putih
- 1 sudu teh ekstrak vanila

UNTUK SOS RASPBERI
- ½ cawan jus oren
- 2 sudu teh tepung jagung
- raspberi paun, dibilas
- ¼ cawan madu
- 1 sudu besar Minyak Kelapa
- secubit garam

ARAHAN

a) Panaskan ketuhar hingga 275°F. Lapik loyang dengan kertas parchment. Untuk meringues, dalam mangkuk logam yang tinggi, menggunakan pengadun elektrik pada kelajuan tinggi, pukul putih telur, krim tartar, dan garam bersama sehingga puncak lembut terbentuk, kira-kira seminit.

b) Semasa anda menjalankan pengadun, tambah gula secara beransur-ansur, 2 sudu pada satu masa. Teruskan pukul dengan kelajuan tinggi sehingga puncak tegar terbentuk. Jika anda merasakan meringue di antara jari anda, ia harus licin.

c) Jika anda masih merasakan butiran gula, teruskan pukul pada kelajuan sederhana sehingga gula larut sepenuhnya. Masukkan tepung jagung, cuka, dan vanila dan pukul sehingga sebati.

d) Sudukan kira-kira ½ cawan adunan putih telur untuk setiap Dacquoise ke atas loyang yang disediakan.

e) Dengan menggunakan sudu, ratakan setiap satu ke dalam bulatan cekung 3 inci, dengan sisi yang lebih tinggi dan sedikit berongga di tengah. Anda sepatutnya mempunyai cukup untuk 6 dacquoises

f) Bakar sehingga warna sawo matang sangat terang, dan meringue kelihatan set, 25 hingga 30 minit. Matikan ketuhar, buka pintu sedikit, dan biarkan Dacquoise sejuk sepenuhnya.

g) Untuk sos raspberi, dalam mangkuk kecil, satukan jus oren dan tepung jagung. Kacau hingga rata.

h) Dengan api perlahan, dalam periuk kecil, gabungkan raspberi, madu, dan minyak kelapa dan gaul rata, tumbuk raspberi menjadi sos yang licin semasa ia lembut. Masukkan campuran tepung jagung, tambahkan api ke sederhana, dan kacau sehingga campuran mula menebal, 4 hingga 5 minit; sos akan terus pekat apabila ia sejuk. Masukkan garam.

i) Letakkannya dari api dan tuangkan ke dalam periuk kecil. Hiaskan Dacquoise dengan bahagian sos raspberi yang sama sejurus sebelum dihidangkan.

19. Oren Pistachio Dacquoise

BAHAN-BAHAN:
UNTUK LAPISAN MERINGUE:
- 250 gram pistachio bercengkerang ditambah 50 gram dicincang kasar
- 300 gram gula halus
- 25 gram tepung jagung
- 6 putih telur besar pada suhu bilik
- Secubit garam

UNTUK PENGISIAN:
- 200 gram gula
- 1 ½ sudu teh tepung jagung
- 1 sudu besar kulit oren parut halus
- ½ sudu teh garam
- 180 gram jus oren yang baru diperah
- 80 gram krim pekat
- 8 biji kuning telur besar (pada suhu bilik)
- 380 gram mentega (tidak terlalu sejuk)

ARAHAN:
UNTUK LAPISAN MERINGUE:
a) Panaskan ketuhar anda hingga 120 darjah Celsius.

b) Alas dulang pembakar besar dengan kertas pembakar dan lukis 4 segi empat tepat (24cm x 10cm) untuk digunakan sebagai panduan anda untuk bentuk meringue. Bergantung pada saiz ketuhar anda, anda mungkin perlu menggunakan 2 dulang dan menukarkannya pada separuh masa memasak meringue.

c) Masukkan pistachio dan 100 gram gula kastor ke dalam pemproses makanan dan cincang halus kacang. Satukan perlahan-lahan tepung jagung bersama bancuhan kacang dan ketepikan.

d) Satukan putih telur dengan garam dan pukul pada kelajuan sederhana selama 2 minit, sehingga putih dan berbuih. Tingkatkan kelajuan dan masukkan baki 200 gram gula kastor secara beransur-ansur. Selepas kira-kira 8 minit, puncak lembut akan terbentuk. Matikan pengadun, dan gunakan spatula, perlahan-lahan lipat adunan pistachio ke dalam meringue.

e) Masukkan meringue ke dalam beg paip (atau beg plastik dengan sudut dipotong) dan paipkan garisan segi empat tepat yang dilukis pada kertas pembakar.

f) Isi segi empat tepat sehingga semua ruang diisi. Masukkan ke dalam ketuhar dan bakar selama sejam. Matikan ketuhar dan biarkan meringu sejuk sepenuhnya di dalam ketuhar dengan pintu dibiarkan terbuka.

UNTUK PENGISIAN:

g) Dalam mangkuk, pukul gula, perahan, tepung jagung, dan garam sehingga sebati. Masukkan jus, kuning, dan krim dan pukul sehingga rata.

h) Cairkan 80 gram mentega dalam periuk dan keluarkan dari api. Masukkan campuran jus oren dan kembalikan ke api sederhana untuk masak. Kacau sentiasa sehingga adunan pekat dan mula mendidih.

i) Menggunakan spatula silikon, tekan adunan melalui ayak berjaring halus ke dalam mangkuk dan biarkan suhu dadih siap pada kira-kira 32 darjah Celsius.

j) Potong baki mentega (300 gram) menjadi kepingan nipis.

k) Pindahkan dadih ke dalam pengadun dengan lampiran dayung dan masukkan hirisan mentega perlahan-lahan sehingga adunan sebati. Ini akan mengambil masa kira-kira 3 minit.

MEMASANG KEK:

l) Di atas pinggan rata, sapukan satu sudu besar inti.

m) Letakkan lapisan meringue di atas, dan kemudian dengan spatula mengimbangi, sapukan dengan inti.

n) Ulangi dengan lapisan yang tinggal dan letakkan lapisan inti di bahagian atas untuk dihiasi dengan pistachio dan kepingan coklat yang dicincang kasar.

20. Pic dan Prosecco Dacquoise

BAHAN-BAHAN:
- 4 biji putih telur
- 1 cawan gula kastor
- 1 sudu teh cuka putih
- 1 sudu teh tepung jagung
- 1 cawan krim putar
- 2 buah pic masak, dihiris
- ½ cawan Prosecco

ARAHAN

a) Panaskan ketuhar hingga 300°F (150°C). Lapik loyang dengan kertas parchment.

b) Pukul putih telur sehingga stiff peak terbentuk. Secara beransur-ansur tambah gula, satu sudu pada satu masa, pukul dengan baik selepas setiap penambahan.

c) Masukkan cuka dan tepung jagung dan pukul sehingga sebati.

d) Sendukkan adunan ke atas loyang yang disediakan untuk membentuk bulatan 8 inci (20 cm).

e) Menggunakan spatula, buat perigi di tengah dacquoise.

f) Bakar selama 1 jam atau sehingga dacquoise garing di luar dan lembut di dalam.

g) Biarkan sejuk sepenuhnya.

h) Sapukan krim putar di atas dacquoise. Tambah pic yang dihiris dan gerimis dengan Prosecco.

21. New Zealand Kiwi dacquoise

BAHAN-BAHAN:
- 4 putih telur
- 1¼ cawan gula kastor (berbutir).
- 1 sudu teh cuka putih
- 1 sudu teh esen vanila (ekstrak)
- 1 sudu besar tepung jagung (tepung jagung)
- ½ liter Krim
- 2 buah kiwi
- 4 Buah markisa

ARAHAN

a) Panaskan ketuhar kepada 180C. Menggunakan pengadun elektrik, pukul putih telur dan gula selama 10 minit atau sehingga pekat dan berkilat.

b) Campurkan cuka, vanila dan tepung jagung bersama-sama.

c) Tambah ke meringue. Pukul pada kelajuan tinggi selama 5 minit lagi. Alas dulang ketuhar dengan kertas pembakar (Jangan gris).

d) Lukiskan bulatan 22 cm di atas kertas pembakar. Sebarkan campuran dacquoise ke dalam 2 cm dari tepi bulatan, mengekalkan bentuk sebagai bulat dan sekata mungkin.

e) Permukaan atas licin di atas. Letakkan dacquoise dalam ketuhar kemudian turunkan suhu ketuhar kepada 100C. Bakar dacquoise selama 1 jam. Matikan ketuhar. Buka pintu ketuhar sedikit dan biarkan dacquoise di dalam ketuhar sehingga sejuk. Angkat dacquoise ke atas pinggan hidangan dengan berhati-hati. Hiaskan dengan krim putar, hirisan buah kiwi dan pulpa buah markisa segar.

22. Coklat dan Raspberi Dacquoise

BAHAN-BAHAN:
- 4 biji putih telur
- 1 cawan gula kastor
- 1 sudu teh cuka putih
- 1 sudu teh tepung jagung
- ½ cawan coklat cair atau coklat ganache
- ½ cawan raspberi segar
- Cukur coklat

ARAHAN

a) Panaskan ketuhar hingga 300°F (150°C). Lapik loyang dengan kertas parchment.

b) Pukul putih telur sehingga stiff peak terbentuk. Secara beransur-ansur tambah gula, satu sudu pada satu masa, pukul dengan baik selepas setiap penambahan.

c) Masukkan cuka dan tepung jagung dan pukul sehingga sebati.

d) Sendukkan adunan ke atas loyang yang disediakan untuk membentuk bulatan 8 inci (20 cm).

e) Menggunakan spatula, buat perigi di tengah dacquoise.

f) Bakar selama 1 jam atau sehingga dacquoise garing di luar dan lembut di dalam.

g) Biarkan sejuk sepenuhnya.

h) Siramkan coklat cair atau ganache ke atas dacquoise. Teratas dengan raspberi segar dan cukur coklat.

23. Dacquoise dengan puri mangga

BAHAN-BAHAN:
- 6 putih telur 6
- 1 cawan Gula 250 mL
- 1 sudu teh Vanila 5 mL
- 1 sudu besar cuka putih 15 mL
- 2 biji mangga 2
- ½ cawan keju Yogurt atau krim putar 125 mL
- 2 sudu besar gula aising 25 mL
- 2 sudu besar minuman keras oren 25 mL
- Buah-buahan untuk hiasan
- 1 tangkai pudina segar
- Bunga yang boleh dimakan

ARAHAN

a) Pukul putih telur sehingga ringan. Masukkan gula sedikit demi sedikit dan pukul hingga pekat. Pukul dalam vanila. Pukul dalam cuka.

b) Gariskan bulatan 9"/24 cm pada kertas parchment dan letakkan di atas loyang.

c) Sudukan putih telur ke dalam bulatan. Bakar dalam ketuhar 250F/150C yang telah dipanaskan selama 1 hingga 2 jam atau sehingga hanya mula berwarna perang sedikit. Keluarkan dari ketuhar dan sejukkan. (Bekukan jika tidak digunakan dengan segera.) Meringue hendaklah berkerak di luar tetapi lembut di dalam.

d) Kupas mangga, simpan separuh daripada sebiji untuk hiasan. Potong dadu baki buah dan puri. Letakkan puri dalam periuk dan masak, kacau sentiasa, sehingga berkurangan kepada kira-kira 1 cawan/250 mL dan sangat pekat. Sejuk.

e) Campurkan keju yogurt dengan gula dan minuman keras oren. (Atau krim putar dengan gula dan minuman keras oren.) Rizab.

f) Sebelum dihidangkan, sapukan puri mangga di atas meringue. Kemudian sapukan yogurt atau campuran krim ke atas meringue. Susun buah di atas. Letakkan tangkai pudina dan bunga yang boleh dimakan pada buah.

g) Untuk membuat keju yogurt, sudukan bekas 750 mL yogurt 1% (atau apa sahaja yogurt asli yang anda suka) ke dalam penapis yang dialas dengan kain katun yang telah anda letakkan di atas mangkuk. Tutup dengan bungkus plastik dan biarkan yogurt mengalir tiga jam hingga semalaman.

24. Riak Dacquoise Strawberi

BAHAN-BAHAN:
- 1 paun strawberi masak
- 1 sudu besar gula kastor
- 284ml karton dua krim, sejuk
- ½ sudu teh ekstrak vanila
- 2¼ auns meringue

ARAHAN

a) Keluarkan kulit berdaun dari strawberi.

b) Masukkan strawberi ke dalam pemproses makanan atau pengisar, masukkan gula dan kisar sehingga rata. Sebagai alternatif, tumbuk mereka di atas pinggan besar, pastikan semua jus dikekalkan dan adunan agak licin.

c) Masukkan krim ke dalam jag. Masukkan ekstrak vanila dan separuh puri strawberi. Hancurkan dalam sarang meringue dan kacau rata.

d) Sejukkan selama 15–20 minit sehingga meringues larut dan adunan disejukkan dengan baik.

e) Masukkan adunan ke dalam mesin aiskrim dan bekukan mengikut arahan.

f) Pindahkan ke bekas yang sesuai dan tuangkan baki puri strawberi di atas. Dengan sudu kecil atau lidi, kacau perlahan-lahan puri melalui ais krim supaya ia membentuk riak.

g) Bekukan sehingga diperlukan.

25. Strawberi, Mangga & Rose Dacquoise

BAHAN-BAHAN:
- 6 biji putih telur
- ⅛ sudu teh krim tartar
- secubit garam
- 1½ cawan gula
- 1 sudu teh jus limau
- ¼ sudu teh air mawar atau ½ sudu teh vanila
- 2 ½ sudu teh tepung jagung
- 4 cawan hirisan mangga dan strawberi
- 2 sudu besar gula
- 1 ½ cawan krim putar
- ½ cawan keju mascarpone
- Kelopak mawar merah jambu yang boleh dimakan

ARAHAN

a) Panaskan ketuhar hingga 250°F.

b) Lapik lembaran penaik dengan parchment.

c) Lukis bulatan 9 inci di atas kertas. Terbalikkan kertas supaya bulatan berada di bahagian belakang.

UNTUK MERINGUE

d) Dalam mangkuk pengadun berdiri yang dilengkapi dengan lampiran pukul pukul putih telur, krim tartar, dan garam sehingga puncak lembut terbentuk.

e) Masukkan 1 ½ cawan gula, 1 sudu pada satu masa, pukul pada kelajuan tinggi sehingga puncak kaku terbentuk dan meringue tidak lagi berpasir, mengikis mangkuk mengikut keperluan. Pukul dalam jus limau dan air mawar. Menggunakan spatula getah, masukkan tepung jagung perlahan-lahan.

f) Sapukan meringue di atas bulatan pada kertas kulit, bina bahagian tepi sedikit untuk membentuk cangkerang.

g) Bakar selama 1 ½ jam.

h) Matikan ketuhar, dan biarkan kering di dalam ketuhar dengan pintu tertutup selama 1 jam.

i) Sejukkan sepenuhnya pada helaian pada rak dawai.

CAMPURAN KRIM

j) Dalam mangkuk, masukkan mangga dan beri dengan 2 sudu besar gula. Biarkan 20 minit.

k) Sementara itu, dalam mangkuk adunan pukul krim dan mascarpone dengan pengadun elektrik sehingga puncak lembut terbentuk.

l) Letakkan kulit meringue di atas pinggan.

m) Sapukan adunan krim ke dalam kulit meringue. Sudukan adunan buah di atas.

n) Hidangkan segera.

26. Dacquoise roll strawberi ais

BAHAN-BAHAN:
- 2 sudu teh tepung jagung
- 1 cawan gula halus
- 4 putih telur, pada suhu bilik
- gula kuih-muih, diayak
- 1½ cawan sorbet strawberi
- ½ cawan krim berat
- gula, strawberi segar, dan daun pudina, untuk menghiasi

ARAHAN

a) Garisan 12 × 9 inci. kuali gulung jeli dengan pelapik pembakar nonstick atau kertas lilin, dan potong mengikut kesesuaian.

b) Ayak tepung jagung dan gaul rata dengan gula halus.

c) Pukul putih telur sehingga ia membentuk puncak yang padat tetapi tidak kering dan rapuh.

d) Kemudian pukul dalam adunan gula-tepung jagung secara beransur-ansur sehingga kaku dan berkilat.

e) Sudukan ke dalam kuali yang telah disediakan dan ratakan bahagian atasnya.

f) Letakkan dalam ketuhar sejuk dan putarkannya ke 300°F (150°C).

g) Masak selama 1 jam sehingga bahagian atas garing tetapi meringue masih terasa kenyal.

h) Keluarkan serta-merta ke atas helaian dua kertas lilin yang telah ditaburkan dengan gula pengayak yang telah diayak, dan biarkan sejuk.

i) Sementara itu, lembutkan sorbet dan pukul krim. Apabila meringue telah sejuk, sapukan dengan sorbet dan kemudian dengan krim putar dengan berhati-hati dan cepat.

j) Gulung, gunakan kertas sebagai sokongan, dan balut ringan dengan kerajang.

k) Bekukan selama kira-kira 1 jam sebelum dihidangkan, taburkan lebih banyak gula manisan, dan di atasnya dengan strawberi segar dan pudina.

27. Dacquoise Dengan Beri Hitam Dan Krim

BAHAN-BAHAN:
MERINGUE:
- 10 auns (285g) hazelnut, pada kulit
- 5 putih telur besar
- Secubit garam
- 2 ½ cawan (285g) gula gula
- 1 sudu teh ekstrak vanila tulen

KRIM PUTAR:
- 1 cawan krim berat
- 1 sudu besar gula pasir
- ½ sudu teh vanila
- 7 auns (200g) beri hitam

ARAHAN:
a) Laraskan rak ketuhar ke kedudukan tengah dan panaskan ketuhar kepada 350°F (175°C). Sapukan hazelnut pada lembaran pembakar berbingkai dan bakar selama 8-10 minit atau sehingga kulitnya mula retak dan longgar.

b) Keluarkan dari ketuhar dan biarkan sejuk, kemudian gosokkannya dengan tuala bersih untuk mengeluarkan kulitnya. Potong kecil-kecil.

c) Kurangkan suhu ketuhar kepada 300°F (150°C).

d) loyang separuh lembaran dengan kertas parchment.

e) Pukul putih telur dan garam (sama ada dengan tangan atau dengan pengadun berdiri yang dipasang dengan pemukul, pada kelajuan sederhana) sehingga berbuih.

f) Masukkan gula secara beransur-ansur dan teruskan pukul sehingga adunan kelihatan berkilat dan mula pekat. Masukkan hazelnut dan vanila.

g) Pindahkan adunan ke dalam loyang lembaran yang disediakan. Gunakan spatula offset untuk meratakan adunan, tutup kertas parchment sepenuhnya.

h) Bakar selama 20-25 minit sehingga meringue berwarna perang sedikit. Keluarkan dari ketuhar dan biarkan sejuk sedikit di atas rak dawai.

UNTUK KRIM SEBAT:
i) Masukkan krim kental, gula, dan vanila ke dalam mangkuk pengadun sejuk. Pukul pada kelajuan rendah sehingga buih kecil terbentuk, kira-kira 30 saat.

j) Tingkatkan kelajuan kepada sederhana dan teruskan memukul, selama kira-kira 30 saat.

k) Tingkatkan kelajuan kepada tinggi dan teruskan pukul sehingga krim licin, tebal, dan jumlahnya hampir dua kali ganda, kira-kira 30 saat. Sejukkan sehingga sedia untuk digunakan.

UNTUK MEMASANG DACQUOISE:

l) Apabila meringue hampir sejuk, potong dengan teliti kepada tiga bahagian yang sama (anda mahu melakukan ini sebelum ia benar-benar sejuk dan akan berkecai apabila dipotong). Potong bahagian tepi sedikit untuk tepi lurus jika dikehendaki.

m) Letakkan satu keping meringue di atas hidangan hidangan. Hiaskan dengan separuh krim putar dan beri hitam, salutkan kedua-duanya sama rata di bahagian atas.

n) Letakkan lapisan kedua meringue di atas dan ulangi dengan krim putar dan beri hitam.

o) Teratas dengan bahagian ketiga. Berhati-hati memotongnya menjadi jalur dan hidangkan (memotongnya akan menjadi urusan yang tidak kemas).

28. Limau dan Blueberi Dacquoise

BAHAN-BAHAN:
- 4 biji putih telur
- 1 cawan gula kastor
- 1 sudu teh cuka putih
- 1 sudu teh tepung jagung
- ½ cawan dadih limau
- ½ cawan beri biru segar
- Perahan 1 limau

ARAHAN

a) Panaskan ketuhar hingga 300°F (150°C). Lapik loyang dengan kertas parchment.

b) Pukul putih telur sehingga stiff peak terbentuk. Secara beransur-ansur tambah gula, satu sudu pada satu masa, pukul dengan baik selepas setiap penambahan.

c) Masukkan cuka dan tepung jagung dan pukul sehingga sebati.

d) Sendukkan adunan ke atas loyang yang disediakan untuk membentuk bulatan 8 inci (20 cm).

e) Menggunakan spatula, buat perigi di tengah dacquoise.

f) Bakar selama 1 jam atau sehingga dacquoise garing di luar dan lembut di dalam.

g) Biarkan sejuk sepenuhnya.

h) Sapukan dadih limau di atas dacquoise. Taburkan blueberi segar di atas dan taburkan dengan kulit limau.

29. Dacquoise dadih limau

BAHAN-BAHAN:
- ¾ cawan gula pasir
- 2 sudu besar Tepung jagung
- ⅔ cawan jus limau
- 2 sudu besar kulit limau parut kasar
- 3 biji telur
- 3 kuning telur
- ⅓ cawan mentega tanpa garam
- 1½ cawan krim putar

HIASAN;
- 2 buah kiwi
- 1 cawan raspberi beku, dicairkan sedikit
- Daun pudina

LIMAU DACQUOISE
- 4 putih telur
- 1 secubit krim tartar
- ⅔ cawan gula pasir
- ⅓ cawan gula aising
- 1 sudu besar Tepung jagung
- ¼ sudu teh kulit limau parut halus
- 1 sudu besar jus limau

ARAHAN
ISI LIMAU CURD
a) Dalam kuali sos yang berat, pukul bersama gula, tepung jagung, jus limau, kulit, telur dan kuning sehingga sebati.
b) Masak dengan api sederhana selama 10 - 15 minit, kacau sentiasa sementara adunan mendidih perlahan, sehingga licin dan pekat, dan tiada rasa tepung jagung yang tinggal.
c) Keluarkan dari haba dan tapis segera ke dalam mangkuk tahan panas, buang kulitnya. Masukkan mentega hingga cair.
d) Tutup permukaan dengan kertas lilin. Sejukkan sehingga 3 hari.

LIMAU DACQUOISE
e) Alas loyang besar atau loyang pizza dengan kertas parchment atau kerajang yang telah digris. Lukis garis besar untuk bulatan 9 inci, ketepikan.

f) Dalam mangkuk besar, pukul putih telur dengan krim tartar sehingga puncak lembut terbentuk. Pukul separuh daripada gula pasir secara beransur-ansur sehingga terbentuk puncak berkilat yang kaku.

g) Dalam mangkuk yang berasingan, satukan baki gula dengan gula aising dan tepung jagung. Taburkan di atas putih telur; masukkan kulit limau nipis dan jus dan gaul sehingga rata. Cedok ke bulatan; bentuk menjadi sarang, menjadikan sisi lebih tinggi daripada tengah. Bakar dalam ketuhar 275 selama kira-kira 1 - ½ jam atau sehingga bahagian luarnya garing dan sangat terang keemasan.

h) Biarkan sejuk sepenuhnya; pindahkan ke pinggan sajian beralaskan doily. (Boleh dibuat beberapa jam sebelum dihidangkan) UNTUK MENGHIDANG; krim putar sehingga kaku. Pukul Isi Limau Dadih sebentar untuk ringan. Kacau dalam satu pertiga daripada krim disebat; lipat dalam baki.

i) Gundukan dalam sarang Dacquoise, biarkan sedikit melimpah. Kupas dan hiris buah kiwi dengan nipis; susun hirisan kiwi, raspberi dan daun pudina di atas.

j) Untuk menghidang, potong dengan pisau bergerigi.

30. Ara dan Madu Dacquoise

BAHAN-BAHAN:
- 4 biji putih telur
- 1 cawan gula kastor
- 1 sudu teh cuka putih
- 1 sudu teh tepung jagung
- 1 cawan krim putar
- 3 buah ara segar, dihiris
- 2 sudu besar madu

ARAHAN

a) Panaskan ketuhar hingga 300°F (150°C). Lapik loyang dengan kertas parchment.

b) Pukul putih telur sehingga stiff peak terbentuk. Secara beransur-ansur tambah gula, satu sudu pada satu masa, pukul dengan baik selepas setiap penambahan.

c) Masukkan cuka dan tepung jagung dan pukul sehingga sebati.

d) Sendukkan adunan ke atas loyang yang disediakan untuk membentuk bulatan 8 inci (20 cm).

e) Menggunakan spatula, buat perigi di tengah dacquoise.

f) Bakar selama 1 jam atau sehingga dacquoise garing di luar dan lembut di dalam.

g) Biarkan sejuk sepenuhnya.

h) Sapukan krim putar di atas dacquoise. Masukkan hirisan buah tin dan renjiskan dengan madu.

31. Dacquoise dengan buah ara dan delima

BAHAN-BAHAN:
- Dacquoise dengan buah ara dan delima
- 6 biji putih telur
- secubit krim tartar
- 1 ½ cawan (330g) gula kastor
- 1 sudu besar tepung jagung
- 1 ½ sudu teh cuka putih
- 2 sudu teh ekstrak vanila
- 1 (320g) delima
- 1 ¾ cawan (430ml) krim pekat
- 6 buah ara hitam atau hijau, koyak dua
- 125 gram raspberi, dibelah dua

ARAHAN

a) Panaskan ketuhar hingga 120°C. Tandakan segi empat tepat 16cm x 32cm, atau dua bulatan berdiameter 21cm, pada kertas pembakar. Terbalikkan kertas pada dulang ketuhar besar yang telah digris ringan.

b) Pukul putih telur dan krim tartar dalam mangkuk sederhana dengan pengadun elektrik sehingga puncak lembut terbentuk. Masukkan gula secara beransur-ansur, pukul sehingga gula larut antara penambahan. Masukkan tepung jagung, cuka dan vanila yang telah diayak dengan cepat.

c) Sapukan meringue ke dalam segi empat tepat atau bulatan di atas kertas pembakar, membina di bahagian tepi. Bahagian atas dan sisi licin dacquoise. Bakar selama 1½ jam atau sehingga kering untuk disentuh. Matikan ketuhar ; sejukkan meringue di dalam ketuhar dengan pintu terbuka.

d) Keluarkan biji dari delima; benih simpanan. Pukul krim sehingga bentuk soft peak.

e) Sejurus sebelum dihidangkan, sudukan krim di atas dacquoise, atas dengan buah ara, raspberi dan biji delima. Jika menggunakan dua dacquoise bulat, sandwic separuh krim di antara bulatan, kemudian letakkan dacquoise dengan baki krim, kemudian buah dan biji.

32. Vanila dan Pic Dacquoise

BAHAN-BAHAN:
- 4 biji putih telur
- 1 cawan gula kastor
- 1 sudu teh cuka putih
- 1 sudu teh tepung jagung
- 1 cawan krim putar
- 2 buah pic masak, dihiris
- 1 sudu teh ekstrak vanila
- 1 sudu besar madu

ARAHAN

a) Panaskan ketuhar hingga 300°F (150°C). Lapik loyang dengan kertas parchment.

b) Pukul putih telur sehingga stiff peak terbentuk. Secara beransur-ansur tambah gula, satu sudu pada satu masa, pukul dengan baik selepas setiap penambahan.

c) Masukkan cuka dan tepung jagung dan pukul sehingga sebati.

d) Sendukkan adunan ke atas loyang yang disediakan untuk membentuk bulatan 8 inci (20 cm).

e) Menggunakan spatula, buat perigi di tengah dacquoise.

f) Bakar selama 1 jam atau sehingga dacquoise garing di luar dan lembut di dalam.

g) Biarkan sejuk sepenuhnya.

h) Campurkan ekstrak vanila dan madu dalam mangkuk kecil. Sapukan krim putar di atas dacquoise. Masukkan pic yang dihiris dan renjiskan dengan campuran vanila dan madu.

33. Dacquoise buah tropika

BAHAN-BAHAN:
- 4 putih telur besar pada suhu bilik
- 1 secubit garam
- 225 gram gula kastor
- 2 sudu kecil tepung jagung
- 1 secubit krim tartar
- 1 sudu teh cuka wain putih
- 4 titik ekstrak Vanila
- 2 Buah markisa
- Buah tropika masak seperti mangga; kiwi, belimbing dan cape gooseberi
- 150 mililiter Krim ganda
- 200 mililiter creme fraiche

ARAHAN

a) Panaskan ketuhar kepada 150c/300f/Gas 2.

b) Lapikkan loyang dengan kertas pembakar tidak melekat dan lukis pada bulatan 22cm/9". Untuk Meringue: Pukul putih telur dan garam dalam mangkuk besar dan bersih sehingga puncak kaku terbentuk.

c) Pukul gula satu pertiga pada satu masa, pukul rata antara setiap penambahan sehingga kaku dan sangat berkilat. Taburkan di atas tepung jagung, krim tartar, cuka dan ekstrak vanila dan lipat perlahan-lahan.

d) Letakkan meringue di atas kertas di dalam bulatan, pastikan terdapat rongga yang besar di tengahnya.

e) Letakkan di dalam ketuhar dan segera kecilkan api kepada 120c/250f/Gas ¼ dan masak selama 1½-2 jam sehingga perang pucat tetapi sedikit lembut di tengahnya. Matikan ketuhar, biarkan pintu terbuka sedikit dan biarkan sejuk sepenuhnya.

f) Untuk Pengisian: Belah separuh buah markisa dan cedok pulpanya. Kupas dan potong buah pilihan anda mengikut keperluan.

g) Letakkan krim dalam mangkuk dan pukul sehingga pekat, dan kemudian lipat dalam fraiche creme. Kupas kertas dari dacquoise dan letakkan di atas pinggan.

h) Tumpukan pada campuran krim dan susun buah di atas, diakhiri dengan pulpa buah markisa. Hidangkan sekali gus.

34. Mangga dan Coconut Dacquoise

BAHAN-BAHAN:
- 4 biji putih telur
- 1 cawan gula kastor
- 1 sudu teh cuka putih
- 1 sudu teh tepung jagung
- 1 cawan krim putar
- 1 biji mangga masak, potong dadu
- ¼ cawan kelapa parut, bakar

ARAHAN

a) Panaskan ketuhar hingga 300°F (150°C). Lapik loyang dengan kertas parchment.

b) Pukul putih telur sehingga stiff peak terbentuk. Secara beransur-ansur tambah gula, satu sudu pada satu masa, pukul dengan baik selepas setiap penambahan.

c) Masukkan cuka dan tepung jagung dan pukul sehingga sebati.

d) Sendukkan adunan ke atas loyang yang disediakan untuk membentuk bulatan 8 inci (20 cm).

e) Menggunakan spatula, buat perigi di tengah dacquoise.

f) Bakar selama 1 jam atau sehingga dacquoise garing di luar dan lembut di dalam.

g) Biarkan sejuk sepenuhnya.

h) Sapukan krim putar di atas dacquoise. Masukkan mangga potong dadu dan taburkan kelapa parut yang telah dibakar.

35. Strawberi dan Basil Dacquoise

BAHAN-BAHAN:
- 4 biji putih telur
- 1 cawan gula kastor
- 1 sudu teh cuka putih
- 1 sudu teh tepung jagung
- 1 cawan krim putar
- 1 cawan strawberi segar, dihiris
- ¼ cawan daun selasih segar, dicincang

ARAHAN

a) Panaskan ketuhar hingga 300°F (150°C). Lapik loyang dengan kertas parchment.

b) Pukul putih telur sehingga stiff peak terbentuk. Secara beransur-ansur tambah gula, satu sudu pada satu masa, pukul dengan baik selepas setiap penambahan.

c) Masukkan cuka dan tepung jagung dan pukul sehingga sebati.

d) Sendukkan adunan ke atas loyang yang disediakan untuk membentuk bulatan 8 inci (20 cm).

e) Menggunakan spatula, buat perigi di tengah dacquoise.

f) Bakar selama 1 jam atau sehingga dacquoise garing di luar dan lembut di dalam.

g) Biarkan sejuk sepenuhnya.

h) Sapukan krim putar di atas dacquoise. Masukkan strawberi yang telah dihiris dan taburkan dengan daun selasih yang dihiris.

36. Mandarin Dacquoise

BAHAN-BAHAN:
UNTUK KEK MERINGUE:
- 225 g keseluruhan walnut
- 130 g gula manisan
- 6 biji putih telur
- 60 g gula

UNTUK KRIM PASTRI:
- 2 helai daun gelatin
- 250 g coklat putih, dicincang
- 2.5 dl susu
- 2 biji kuning telur
- 4 dl krim putar

ARAHAN:
UNTUK KEK MERINGUE:

a) Panaskan ketuhar hingga 180°C (356°F).

b) Sapukan 100 g walnut pada dulang pembakar dan bakar selama kira-kira 10 minit sehingga ia dibakar ringan.

c) Keluarkan kuali dari ketuhar dan biarkan kacang sejuk sepenuhnya. Kemudian potong kasar walnut yang telah dibakar.

d) Kisar halus baki 125 g walnut dengan gula konfeksi, dan gabungkan campuran ini dengan walnut panggang. Ketepikan.

e) Dalam mangkuk, letakkan putih telur dan secubit gula. Pukul mereka pada kelajuan sederhana sehingga mereka menjadi berbuih.

f) Masukkan baki gula secara beransur-ansur, satu pertiga pada satu masa, memastikan setiap penambahan digabungkan sepenuhnya sebelum menambah lagi. Teruskan mengadun pada kelajuan sederhana sehingga anda mempunyai meringue yang kuat dan berkembang dengan baik.

g) Masukkan adunan kacang dan gula perlahan-lahan hingga sebati.

h) Sapukan adunan meringue ke atas dua dulang pembakar beralas kertas, menghasilkan bulatan berdiameter kira-kira 26 cm. Bakar setiap asas meringue selama kira-kira 20 minit atau sehingga ia bertukar menjadi perang keemasan.

i) Setelah selesai, keluarkan dulang pembakar dari ketuhar dan biarkan kek meringue sejuk sepenuhnya.

j) Potong tepi kedua-dua kek meringue agar sesuai dengan saiz cincin kek. Ketepikan kek sehingga anda bersedia untuk menggunakannya.

UNTUK KRIM PASTRI:

k) Rendam daun gelatin dalam air sejuk sehingga lembut. Kemudian perlahan-lahan peras lebihan air dan masukkannya ke dalam coklat putih yang dicincang.

l) Dalam periuk, panaskan susu dengan api perlahan sehingga ia mula mendidih. Keluarkan susu dari haba.

m) Perlahan-lahan kacau kuning telur ke dalam susu panas dan kembalikan kuali ke api perlahan, masak sehingga campuran susu-telur menjadi pekat.

n) Tapis adunan melalui ayak ke atas coklat putih. Biarkan coklat mula cair, dan kemudian kacau perlahan-lahan dengan spatula.

o) Biarkan adunan coklat sejuk ke suhu bilik.

p) Sementara itu, pukul krim putar sehingga ia membentuk puncak kaku. Masukkan perlahan-lahan ke dalam adunan coklat yang telah disejukkan dan ketepikan sehingga diperlukan.

UNTUK MENGHIMPUNKAN DACQUOISE MANDARIN:

q) Kupas dan belah kira-kira 6-8 mandarin.

r) Letakkan cincin kek dengan selamat di tengah pinggan hidangan. Pastikan peti sejuk anda mempunyai ruang yang cukup untuk pinggan hidangan.

s) Susun segmen mandarin di bahagian bawah pinggan hidangan di dalam cincin kek.

t) Tuangkan dua pertiga daripada krim pastri ke atas mandarin dan ratakan dengan pisau palet.

u) Letakkan kek meringue pertama di atas krim pastri, dan tuangkan baki krim ke atasnya, ratakan dengan pisau palet. Kemudian, masukkan lapisan kek meringue kedua di atas krim.

v) Bekukan kek selama sekurang-kurangnya 2 jam.

w) Keluarkan kek dari peti sejuk, dan jalankan pisau berbilah bulat di sekeliling sisi cincin kek untuk melonggarkan sebarang tepi yang tersekat.

x) Letakkan pinggan hidangan di atas kek dan terbalikkan dengan teliti, supaya bahagian mandarin menghadap ke atas.

y) Nikmati Mandarin Dacquoise anda yang menarik! Selamat membakar!

37. Hutan Hitam Dacquoise

BAHAN-BAHAN:
- 4 putih telur besar
- 1 secubit garam
- 225g gula kastor
- 2 sudu besar serbuk koko
- 1 sudu teh cuka wain merah
- 50g coklat gelap, parut
- 300ml krim berganda, atau krim putar
- 2 sudu besar kirsch, pilihan
- 450g ceri, direjam
- 25g coklat gelap, parut

ARAHAN

a) Panaskan ketuhar hingga 150°C/Gas Mark 2 dan alaskan loyang besar dengan kertas pembakar

b) Pukul putih telur dan garam hingga kaku, kemudian masukkan gula secara beransur-ansur, kacau rata antara setiap penambahan. Anda sepatutnya mempunyai meringue yang tebal dan berkilat. Pukul dalam koko dan cuka dan lipat coklat cincang dengan sudu logam besar

c) Gulungkan meringue menjadi bulat pada lembaran pembakar yang bergaris, menjadikannya lebih tinggi sedikit di tepi luar. Letakkannya di dalam ketuhar untuk membakar selama 1 jam hingga 1 jam, 15 minit, atau sehingga meringue garing di luar tetapi marshmallow di dalam. Matikan ketuhar dan biarkan meringue sejuk sepenuhnya di dalam, dengan pintu ketuhar ditutup. Ia paling mudah untuk membuatnya pada waktu petang dan biarkan ia sejuk semalaman

d) Setelah anda bersedia untuk dihidangkan, Pukul krim sehingga kaku tetapi tidak kering dan masukkan kirsch dan pukul lagi. Letakkan krim di atas meringue dan ratakan sedikit. Taburkan di atas ceri yang telah direjam dan di atasnya dengan coklat parut

38. Raspberi & Pic Coklat Putih Dacquoise

BAHAN-BAHAN:
BADAM DACQUOISE:
- 150 g Badam Kisar
- 85 g Gula Ais
- 150 g Putih Telur (anggaran 5 biji telur)
- 40 g Gula Kastor

BAVAROIS COKLAT PUTIH:
- 2 g kepingan gelatin
- 125 g Coklat Putih
- 1 Telur Kuning
- ½ sudu teh Pes Kacang Vanila
- 125 ml Susu
- 1.5 sudu besar Cointreau
- 190 ml Krim Sebat

PENGISIAN BUAH:
- 300 g pic segar, dikupas dan dipotong menjadi dadu 1cm
- 200 g Raspberi Segar

UNTUK MENGHIAS:
- Jem Aprikot

ARAHAN:
UNTUK BADAM DACQUOISE:
a) Panaskan ketuhar kepada 160°C Kipas/180°C/350°F. Alas dua dulang pembakar (sekurang-kurangnya 25cm x 25cm) dengan kertas pembakar.
b) Dalam pemproses makanan, satukan badam kisar dan gula aising. Nadi sekejap untuk mengeluarkan sebarang ketulan badam.
c) Pukul putih telur sehingga menjadi puncak lembut, kemudian masukkan gula kastor secara beransur-ansur, teruskan pukul sehingga puncak kaku terbentuk.
d) Masukkan adunan gula aising badam perlahan-lahan ke dalam putih telur yang telah dipukul sehingga sebati.
e) Bahagikan campuran dacquoise di antara dua dulang pembakar, bentangkannya untuk menghasilkan segi empat sama sekurang-kurangnya 22cm x 22cm.
f) Bakar selama 15 hingga 20 minit sehingga keperangan. Biarkan sejuk sebelum mengeluarkan parchment pembakar.

UNTUK BAVAROIS COKLAT PUTIH:
g) Rendam kepingan gelatin dalam semangkuk air sejuk sehingga lembut.

h) Pecahkan coklat putih kepada kepingan dan masukkan ke dalam mangkuk. Masukkan gelatin yang telah dilembutkan (perah lebihan air).
i) Dalam mangkuk yang berasingan, letakkan kuning telur.
j) Dalam periuk, panaskan pes kacang vanila dan susu sehingga mendidih. Angkat dari api dan pukul ke dalam kuning telur.
k) Kembalikan campuran ini ke dalam kuali dan kacau perlahan-lahan dengan sudu kayu sehingga ia menyaluti bahagian belakang sudu dan mencapai 82°C pada termometer.
l) Tuangkan adunan kastard ini ke atas coklat putih dan biarkan selama seminit untuk mencairkan coklat. Kacau hingga rata.
m) Pukul Cointreau sehingga sebati.
n) Dalam mangkuk besar, pukul krim sehingga ia memegang puncak kaku. Lipat krim putar perlahan-lahan ke dalam adunan coklat putih, berhati-hati agar tidak mengempiskannya.

PERHIMPUNAN:
o) Potong dua bulatan dacquoise menggunakan cincin kek bulat.
p) Bersihkan cincin kek dan keluarkan sebarang serbuk kek.
q) Alas dulang pembakar atau papan yang sesuai dengan peti sejuk anda dengan kertas pembakar. Letakkan cincin kek di atas parchment.
r) Taburkan pic dan raspberi yang dicincang rata ke dalam pangkal cincin kek.
s) Tuangkan dua pertiga daripada bavarois coklat putih ke atas buah dan ratakan dengan spatula.
t) Letakkan satu bulatan dacquoise di atasnya, kemudian sapukan baki coklat putih bavarois di atasnya.
u) Tambah bulatan dacquoise kedua di atas dan letakkan di dalam peti sejuk selama sekurang-kurangnya 2 jam.
v) Apabila beku, terbalikkan pencuci mulut ke atas papan kek atau pinggan. Gunakan sumpitan tukang masak untuk memanaskan cincin dengan perlahan dan luncurkannya dari pencuci mulut.
w) Panaskan sedikit jem aprikot dalam ketuhar gelombang mikro dan sapu di atas pencuci mulut untuk sayu berkilat.
x) Benarkan pencuci mulut cair di dalam peti sejuk sebelum dihidangkan.

39. Nutella Dacquoise

BAHAN-BAHAN:
MERINGUE
- 3 biji putih telur
- 1 secubit krim tartar
- ¾ cawan gula pasir
- 1 sudu teh ekstrak vanila tulen

KRIM
- ½ cawan krim marshmallow
- ½ cawan crème fraiche arah
- 1 cawan krim putar

MENGHIAS
- 1 buah kiwi, dikupas & dihiris nipis
- 1 Cawan hirisan strawberi
- 2 sudu besar cranberi kering, dicincang
- 2 sudu besar Nutella

ARAHAN

a) Tetapkan ketuhar anda kepada 275 darjah F sebelum melakukan apa-apa lagi dan lapik lembaran pembakar dengan kertas kulit.

b) Dalam mangkuk, masukkan putih telur dan krim tartar dan pukul sehingga puncak lembut, tambah gula 1 sudu pada satu masa.

c) Masukkan vanila dan pukul hingga sebati.

d) Pada lembaran pembakar yang disediakan, sapukan meringue ke dalam bulatan 10 inci, tolak tepi ke atas untuk membentuk perigi di tengah.

e) Masak dalam ketuhar selama kira-kira 1 ½ jam.

f) Matikan ketuhar tetapi biarkan meringue di dalamnya kering.

g) Pindahkan meringue ke dalam pinggan hidangan.

h) Dalam mangkuk, campurkan bersama krim marshmallow dan crème fraiche.

i) Masukkan krim putar.

j) Sapukan bancuhan marshmallow ke atas meringue yang telah disejukkan dan hias dengan hirisan kiwi dan strawberi.

k) Siramkan Nutella di atas dan hidangkan dengan taburan cranberi kering.

40. Mangga dan Raspberi Dacquoise

BAHAN-BAHAN:
- 4 biji putih telur
- 1 cawan gula kastor
- 1 sudu teh cuka putih
- 1 sudu teh tepung jagung
- 1 cawan krim putar
- 1 biji mangga masak, dihiris
- ½ cawan raspberi segar

ARAHAN

a) Panaskan ketuhar hingga 300°F (150°C). Lapik loyang dengan kertas parchment.

b) Pukul putih telur sehingga stiff peak terbentuk. Secara beransur-ansur tambah gula, satu sudu pada satu masa, pukul dengan baik selepas setiap penambahan.

c) Masukkan cuka dan tepung jagung dan pukul sehingga sebati.

d) Sendukkan adunan ke atas loyang yang disediakan untuk membentuk bulatan 8 inci (20 cm).

e) Menggunakan spatula, buat perigi di tengah dacquoise.

f) Bakar selama 1 jam atau sehingga dacquoise garing di luar dan lembut di dalam.

g) Biarkan sejuk sepenuhnya.

h) Sapukan krim putar di atas dacquoise. Masukkan hirisan mangga dan raspberi.

NUTTY DACQUOISE

41. Kek Dacquoise Badam dan Hazelnut

BAHAN-BAHAN:
- 8 putih telur
- ⅛ sudu teh Garam
- ⅛ sudu teh Krim tartar
- 4 kuning telur besar
- 4 auns gula kastor
- 12 auns cecair Susu
- 8 auns kastor atau gula aising
- 5 auns badam dikisar
- 3 auns Hazelnut, parut
- 5 auns Mentega Tanpa Masin
- serbuk badam rapuh
- 3 auns Hazelnut, panggang & parut
- Krim Mentega

HIASAN:
- Gula aising
- Kepingan badam yang dicelur dan dibakar

ARAHAN:

a) Panaskan ketuhar hingga 140°C (275°F, tanda gas 1). Lapik loyang besar dengan kertas parchment Bakewell.

b) Dalam mangkuk besar, pukul putih telur dan garam sehingga putih menjadi kaku. Lipat krim tartar dan 1 sudu teh gula. Kemudian, pukulkan baki gula sehingga adunan menjadi satin dan kembang.

c) Lipat badam yang dikisar dan hazelnut parut.

d) Sapukan adunan meringue ke dalam 2 cakera besar di atas loyang yang telah disediakan.

e) Bakar selama kira-kira 1 jam, atau sehingga meringue sedikit keperangan. Apabila kertas boleh dikupas tanpa melekat, kek siap. Mereka akan menjadi sedikit kenyal.

UNTUK KRIM MENTEGA:

f) Masukkan kuning telur ke dalam mangkuk. Didihkan susu dalam periuk dan tuangkan ke telur, pukul dengan teliti.

g) Tuangkan adunan ke dalam kuali yang bersih dan, kacau sentiasa, pekatkan kastard dengan api perlahan tanpa biarkan ia mendidih.

h) Keluarkan kuali dari api dan ketepikan supaya sejuk hingga suam. Pukul mentega dan kacang, dan biarkan ia menjadi sejuk.

i) Sandwic kek dengan krim mentega.

j) Taburkan bahagian atas dengan gula aising dan kepingan badam panggang.

k) Nikmati Dacquoise anda yang menarik, keseimbangan sempurna antara kebaikan badam dan hazelnut!

42. Oren dan Pistachio Dacquoise

BAHAN-BAHAN:
- 4 biji putih telur
- 1 cawan gula kastor
- 1 sudu teh cuka putih
- 1 sudu teh tepung jagung
- 1 cawan krim putar
- ½ cawan pistachio bercengkerang, dicincang
- kulit 1 oren

ARAHAN

a) Panaskan ketuhar hingga 300°F (150°C). Lapik loyang dengan kertas parchment.

b) Pukul putih telur sehingga stiff peak terbentuk. Secara beransur-ansur tambah gula, satu sudu pada satu masa, pukul dengan baik selepas setiap penambahan.

c) Masukkan cuka dan tepung jagung dan pukul sehingga sebati.

d) Sendukkan adunan ke atas loyang yang disediakan untuk membentuk bulatan 8 inci (20 cm).

e) Menggunakan spatula, buat perigi di tengah dacquoise.

f) Bakar selama 1 jam atau sehingga dacquoise garing di luar dan lembut di dalam.

g) Biarkan sejuk sepenuhnya.

h) Sapukan krim putar di atas dacquoise. Taburkan pistachio cincang di atas dan tambahkan kulit oren.

43. Coklat dan Hazelnut Dacquoise

BAHAN-BAHAN:
- 4 biji putih telur
- 1 cawan gula kastor
- 1 sudu teh cuka putih
- 1 sudu teh tepung jagung
- 1 cawan krim putar
- ¼ cawan hazelnut, dicincang
- ¼ cawan cip coklat, dicairkan

ARAHAN

a) Panaskan ketuhar hingga 300°F (150°C). Lapik loyang dengan kertas parchment.

b) Pukul putih telur sehingga stiff peak terbentuk. Secara beransur-ansur tambah gula, satu sudu pada satu masa, pukul dengan baik selepas setiap penambahan.

c) Masukkan cuka dan tepung jagung dan pukul sehingga sebati.

d) Sendukkan adunan ke atas loyang yang disediakan untuk membentuk bulatan 8 inci (20 cm).

e) Menggunakan spatula, buat perigi di tengah dacquoise.

f) Bakar selama 1 jam atau sehingga dacquoise garing di luar dan lembut di dalam.

g) Biarkan sejuk sepenuhnya.

h) Sapukan krim putar di atas dacquoise. Siram coklat cair ke atas krim putar dan taburkan kacang hazel yang dicincang.

44.dacquoise Parsi

BAHAN-BAHAN:
- 6 putih telur, pada suhu bilik
- 200g gula kastor
- 500g halva biasa, potong 1cm
- 200g kurma dibuang, dicincang
- 200g barberi kering atau cranberi
- 1 ¼ cawan (125g) tepung badam
- ⅓ cawan (50g) pistachio, dicincang kasar, ditambah tambahan untuk dihidangkan
- ⅓ cawan (50g) badam rebus, dicincang kasar
- 120g cip coklat putih
- 1 sudu teh air mawar
- Biji delima atau kelopak mawar ditaburi gula (pilihan), untuk hiasan

GLAZE COKLAT PUTIH
- ⅓ cawan (80ml) krim tulen (nipis).
- 150g coklat putih, cincang kasar

ARAHAN

a) Panaskan ketuhar hingga 160°C. Griskan loyang kek springform 24cm dengan mentega dan alaskan tapaknya dengan kertas pembakar.

b) Menggunakan pengadun elektrik, pukul putih telur dengan kelajuan tinggi sehingga soft peak terbentuk. Masukkan gula secara beransur-ansur, 1 sudu pada satu masa, kacau sentiasa sehingga adunan menjadi pejal dan berkilat. Masukkan halva, kurma, beri, hidangan badam, pistachio, badam, cip coklat dan air mawar secara perlahan-lahan. Sudukan adunan ke dalam kuali yang telah disediakan. Bakar selama 1 jam-1 jam 10 minit sehingga padat apabila disentuh. Sejukkan sepenuhnya dalam set kuali pada rak dawai.

CARA MEMBUAT GULA KASTER

c) Untuk membuat sayu, letakkan krim dan coklat dalam periuk kecil di atas api perlahan, kacau sehingga cair. Keluarkan dari api dan ketepikan untuk menyejukkan, kacau setiap 2 minit untuk mengelakkan ketulan terbentuk.

d) Apabila sedia untuk dihidangkan, keluarkan cincin springform dan sudukan sayu di atas dacquoise. Taburkan di atas pistachio cincang tambahan, dan biji delima atau kelopak mawar, jika digunakan.

45. Banana Pecan dacquoises

BAHAN-BAHAN:
- 4 putih telur besar
- 1 secubit Garam
- ⅛ sudu teh Krim tartar
- 1 cawan gula pasir
- 1 sudu teh Tepung jagung
- 1 sudu teh Cuka
- 1 sudu teh ekstrak vanila
- ½ cawan pecan panggang, dicincang
- 2½ cawan yogurt rendah lemak vanila Perancis, disebat halus
- 3 biji pisang Nino (atau jari), dikupas, (sehingga 4) dihiris setebal ¼ inci

ARAHAN

a) Meringue: Letakkan rak di tengah-tengah ketuhar dan panaskan hingga 400 darjah F. Lapik helaian biskut besar dengan kertas kulit; mengetepikan.

b) Dalam mangkuk 4½ liter pengadun elektrik tugas berat, menggunakan lampiran cambuk dawai, pukul putih telur, garam dan krim tartar sehingga puncak lembut terbentuk. Sapukan campuran meringue ke dalam bulatan 9 inci, lekapkan bahagian tepi sedikit lebih tinggi daripada bahagian tengah.

c) Letakkan kepingan biskut ke dalam ketuhar dan segera turunkan suhu ketuhar kepada 250 darjah F. Bakar meringue selama 1 jam atau sehingga kering dan rangup di luar. (Sesetengah rekahan mungkin terbentuk pada permukaan.) Biarkan sejuk pada suhu bilik.

d) Pasang Dacquoise: Kupas meringue dari kertas kulit dengan berhati-hati dan pindahkan ke pinggan hidangan. Buat cincin 1 inci dengan menyudukan yogurt di sepanjang tepi bahagian dalam kulit meringue.

e) Hiaskan cincin yogurt dengan hirisan pisang. Sudukan yogurt ke dalam busut berdiameter 3 inci di tengah cangkerang. Teratas dengan pisang.

f) Hiaskan pusat dengan salsa strawberi.

46.Ceri dan Badam Dacquoise

BAHAN-BAHAN:
- 4 biji putih telur
- 1 cawan gula halus
- 1 sudu teh cuka putih
- 1 sudu teh tepung jagung
- 1 cawan krim putar
- 1 cawan ceri segar yang diadu
- ¼ cawan hirisan badam, dibakar

ARAHAN

a) Panaskan ketuhar hingga 300°F (150°C). Lapik loyang dengan kertas parchment.

b) Pukul putih telur sehingga stiff peak terbentuk. Secara beransur-ansur tambah gula, satu sudu pada satu masa, pukul dengan baik selepas setiap penambahan.

c) Masukkan cuka dan tepung jagung dan pukul sehingga sebati.

d) Sendukkan adunan ke atas loyang yang disediakan untuk membentuk bulatan 8 inci (20 cm).

e) Menggunakan spatula, buat perigi di tengah dacquoise.

f) Bakar selama 1 jam atau sehingga dacquoise garing di luar dan lembut di dalam.

g) Biarkan sejuk sepenuhnya.

h) Sapukan krim putar di atas dacquoise. Masukkan ceri pitted dan taburkan dengan hirisan badam panggang.

47.Hazelnut Dacquoise

BAHAN-BAHAN:
UNTUK LAPISAN MERINGUE:
- 1 cawan Hazelnut (filberts)
- 2 sudu besar Tepung jagung
- 1½ cawan ditambah 4 sudu besar gula gula
- 6 biji Telur besar
- ½ sudu teh Krim tartar

UNTUK PENGISIAN:
- 3 cawan krim kental atau krim putar
- 1 sudu teh ekstrak vanila
- 3 petak coklat separuh manis, cair dan suam sedikit
- 1 sudu besar serbuk kopi espreso segera

UNTUK COKLAT KERING (HIASAN):
- 6 petak coklat separuh manis
- ½ sudu teh Shortening

ARAHAN:
UNTUK LAPISAN MERINGUE:
a) Panaskan ketuhar hingga 375°F. Letakkan hazelnut dalam loyang logam 9 x 9 dan bakar sedikit selama 10 hingga 15 minit, atau sehingga ia dibakar ringan. Keluarkan kacang dari ketuhar, kemudian putar kawalan ketuhar kepada 350°F.

b) Untuk mengeluarkan kulitnya, balut kacang hazel panas dalam tuala kain bersih dan gulungkannya ke depan dan ke belakang sehingga kulitnya tanggal. Biarkan kacang sejuk sepenuhnya.

c) Sementara itu, gariskan dua helai biskut besar dengan kerajang. Menggunakan kuali atau pinggan kek bulat 8 inci sebagai panduan, gunakan pencungkil gigi untuk menggariskan 4 bulatan pada kerajang (2 pada setiap helaian kuih).

d) Dalam pemproses makanan atau pengisar pada kelajuan sederhana, kisar kacang hazel, tepung jagung, dan ¾ cawan gula gula sehingga kacang hazel dikisar halus.

e) Dalam mangkuk besar dengan pengadun pada kelajuan tinggi, pukul putih telur dan krim tartar sehingga puncak lembut terbentuk. Taburkan secara beransur-ansur dalam ¾ cawan gula gula, 2 sudu besar pada satu masa, pukul dengan baik selepas setiap penambahan sehingga gula larut sepenuhnya dan putih berdiri di puncak kaku dan berkilat.

f) Dengan spatula getah, lipat adunan hazelnut dengan teliti ke dalam adunan putih telur.

g) Sudukan satu perempat daripada campuran meringue (kira-kira 1¼ cawan) di dalam setiap bulatan pada helaian biskut. Menggunakan spatula logam, ratakan meringue untuk mengisi bulatan.

h) Bakar lapisan meringue selama 45 minit. Matikan ketuhar, dan biarkan meringue di dalam ketuhar selama 1 jam hingga kering.

i) Sejukkan meringues pada helaian biskut pada rak dawai selama 10 minit. Berhati-hati kupas kerajang dari lapisan meringue dan biarkan ia sejuk sepenuhnya. Simpan dalam bekas kedap udara pada suhu bilik sehingga sedia untuk dipasang (sehingga 1 minggu).

UNTUK PENGISIAN:

j) Dalam mangkuk kecil, dengan pengadun pada kelajuan sederhana, pukul 1½ cawan krim kental, 1 sudu besar gula manisan, dan ½ sudu teh vanila sehingga puncak lembut (jangan terlalu banyak). Dengan spatula getah, lipat separuh adunan krim ke dalam coklat cair yang sedikit hangat (Jika coklat sejuk, ia tidak akan dimasukkan dengan lancar ke dalam krim), hanya sehingga digabungkan. Kemudian, masukkan baki krim putar. Simpan ¼ cawan krim coklat.

k) Dalam mangkuk adunan lain, larutkan serbuk espresso dalam 2 sudu besar krim pekat, dan ketepikan. Dalam mangkuk kecil, dengan pengadun pada kelajuan tinggi, pukul baki krim dan baki gula gula sehingga puncak lembut terbentuk. Masukkan adunan espresso dan pukul sehingga stiff peak terbentuk.

UNTUK MEMASANG DACQUOISE:

l) Di atas pinggan, letakkan 1 lapisan meringue, sisi licin ke bawah; sapukan dengan separuh krim coklat. Ulangi dengan baki lapisan meringue dan separuh daripada krim kopi. Selesai dengan menyebarkan baki krim kopi di atas.

m) Sejukkan dacquoise selama sekurang-kurangnya 5 jam atau semalaman untuk melembutkan sedikit lapisan.

UNTUK COKLAT KERING (HIASAN):

n) Dalam mangkuk kaca kecil, satukan coklat dan shortening. Dalam ketuhar gelombang mikro, masak tanpa penutup pada MEDIUM (50%) selama 2½ hingga 3 minit, hanya sehingga lembut dan berkilat. Kacau hingga rata. (Sebagai alternatif, dalam periuk kecil yang berat, panaskan coklat dan pendekkan dengan api perlahan sehingga cair dan licin, kacau selalu).

o) Tuangkan adunan coklat cair ke dalam loyang mini beralaskan foil atau boleh guna 4 ½ kali 2 ½ inci. Sejukkan sehingga padat, kira-kira 1 jam.

p) Keluarkan blok coklat dari kuali dan kupas kerajang. Biarkan ia berdiri pada suhu bilik selama kira-kira 30 minit sehingga ia cukup lembut untuk membentuk keriting.

q) Gunakan pengupas sayuran untuk menarik bilah di sepanjang permukaan coklat untuk membuat keriting yang mencukupi untuk menghiasi bahagian atas kek.

r) Pindahkan keriting ke kuali gulung jeli dan sejukkan sehingga sedia untuk digunakan. Balut dan sejukkan blok coklat yang tinggal sehingga 1 bulan untuk membuat keriting pada hari lain (biarkan ia berdiri pada suhu bilik sebelum membuat keriting).

48. Mentega kacang dan jeli dacquoise

BAHAN-BAHAN:
MENTEGA KACANG TANAH& JELLY DACQUOISE
- ¾ cawan (120g) kacang tanah panggang
- 1 sudu kecil tepung jagung (tepung jagung)
- 2 sudu teh gula aising (pembuat manisan)
- 6 biji putih telur
- 1 ½ cawan (330g) gula kastor (superfine)
- ¼ sudu teh garam
- 1 sudu teh tepung jagung (tepung jagung), tambahan
- 1 sudu teh cuka putih
- 2 cawan (500ml) krim pekat (berat).

KOMPOT STRAWBERI
- ⅓ cawan (75g) gula halus (superfine)
- ¼ cawan (60ml) air
- 750 gram strawberi, dihiris

ARAHAN

BUAT KOMPOT STRAWBERI

a) Kacau gula dan air dalam periuk kecil dengan api perlahan, tanpa mendidih, sehingga gula larut. Didihkan; rebus, tanpa kacau, selama 2 minit atau sehingga pekat sedikit.

b) Tambah strawberi; masak dengan api perlahan selama 2 minit atau sehingga panas. Pindahkan ke mangkuk kalis haba sederhana; sejuk sepenuhnya.

MENTEGA KACANG TANAH& JELLY DACQUOISE

c) Proseskan kacang tanah, tepung jagung dan gula aising sehingga dicincang kasar.

d) Panaskan ketuhar hingga 150°C/300°F.

e) Griskan dulang ketuhar yang besar. Tandakan segi empat tepat 18cm x 30cm (7¼ inci x 12 inci) pada sekeping kertas pembakar; pusingkan kertas, bertanda menghadap ke bawah, ke atas dulang.

f) Pukul putih telur dalam mangkuk besar dengan pengadun elektrik sehingga puncak lembut terbentuk; secara beransur-ansur masukkan gula kastor, 1 sudu pada satu masa, pukul sehingga larut selepas setiap penambahan. Masukkan garam, tepung jagung tambahan dan cuka.

g) Sapukan campuran meringue tepat di dalam segi empat tepat yang ditanda pada dulang, pusingkan meringue semasa anda menyebarkan. Taburkan adunan kacang ke atas meringue.

h) Kurangkan ketuhar kepada 120°C/250°F; bakar dacquoise selama 45 minit atau sehingga kering apabila disentuh. Matikan ketuhar; sejukkan dalam ketuhar dengan pintu terbuka, sekurang-kurangnya 2 jam.

i) Pukul krim dalam mangkuk kecil dengan pengadun elektrik sehingga puncak lembut terbentuk.

j) Sudu krim di atas dacquoise; atas dengan kompot strawberi. Hidangkan segera.

49. Pistachio Praline Dacquoise

BAHAN-BAHAN:
UNTUK LAPISAN MERINGUE:
- ⅔ cawan kacang pistachio asli bercengkerang
- ¾ cawan ditambah 2 sudu besar gula
- 2 sudu teh Tepung jagung
- 4 biji putih telur besar
- ¼ sudu teh Krim tartar
- ¼ sudu teh Garam (jika menggunakan kacang pistachio tanpa garam)
- 2 titis pewarna makanan hijau (jika suka)

UNTUK PENGISIAN:
- ½ cawan ditambah 2 sudu besar gula
- ⅓ cawan kacang pistachio asli bercengkerang
- 2 sudu besar Tepung jagung
- 1 cawan Susu
- 1 biji telur keseluruhan besar
- 1 kuning telur besar
- 2 sudu besar mentega tanpa garam, dipotong menjadi kepingan
- 2 sudu besar Kirsch (atau secukup rasa)
- 1 sampul surat (1 sudu besar) agar-agar tidak berperisa
- ¼ cawan air sejuk
- 1 cawan krim berat yang disejukkan dengan baik
- Gula manisan untuk membersihkan dacquoise
- 10 Kacang pistachio asli bercengkerang, dicelur dan dikupas, untuk hiasan

ARAHAN:
UNTUK LAPISAN MERINGUE:
a) Gariskan 2 helaian pembakar mentega dengan kerajang atau kertas parchment dan jejak sejumlah tiga segi empat tepat 13 kali 4 inci pada helaian kerajang (2 pada satu helaian dan 1 pada satu lagi).

b) Dalam pemproses makanan, kisar kacang pistachio dengan ¼ cawan ditambah 2 sudu besar gula dan tepung jagung.

c) Dalam mangkuk besar dengan pengadun elektrik, pukul putih telur dengan krim tartar dan garam sehingga ia memegang puncak lembut. Pukul baki ½ cawan gula, sedikit demi sedikit, dan pewarna makanan. Teruskan pukul putih sehingga mereka memegang puncak kaku dan berkilat.

d) Masukkan adunan pistachio secara perlahan-lahan tetapi teliti, dan pindahkan meringue ke dalam beg pastri yang dilengkapi dengan hujung biasa ½ inci. Bermula di sepanjang tepi segi empat tepat, paipkan meringue pada kerajang yang disediakan, isikan 2 segi empat tepat. Gariskan tepi segi empat tepat yang tinggal dengan 2 baris meringue, biarkan bahagian tengahnya bebas.

e) Bakar meringues dalam suhu 250°F yang telah dipanaskan. ketuhar, menukar helaian dari satu rak ke rak yang lain selepas 30 minit, selama 1 hingga 1¼ jam, atau sehingga meringue menjadi pejal dan kering apabila disentuh. Biarkan meringu sejuk di atas helaian, kemudian luncurkan kerajang dari helaian dan kupas meringu dari kerajang dengan berhati-hati. Meringues boleh dibuat 1 hari lebih awal dan disimpan dalam bungkus plastik pada suhu bilik.

UNTUK PENGISIAN:

f) Dalam kuali kecil, sebaiknya tidak melekat, masak ¼ cawan gula tanpa diganggu dengan api sederhana sehingga ia mula cair. Teruskan memasaknya, kacau dengan garpu, sehingga ia cair sepenuhnya dan bertukar karamel keemasan. Masukkan kacang pistachio, kacau sehingga ia bersalut dengan baik.

g) Tuangkan campuran segera ke atas sekeping foil dan biarkan ia sejuk sepenuhnya. Pecahkan praline kepada kepingan dan kisar halus dalam pemproses makanan.

h) Dalam periuk berat, larutkan tepung jagung dalam ¼ cawan susu, kacau dalam baki ¾ cawan susu dan baki ¼ cawan ditambah 2 sudu besar gula, dan biarkan adunan itu mendidih, kacau.

i) Dalam mangkuk tahan panas, pukul bersama seluruh telur dan kuning telur, masukkan campuran susu dalam aliran, pukul, dan pindahkan krim pastri ke dalam kuali.

j) Didihkan krim pastri, kacau, dan renehkan, kacau, selama 2 minit. Keluarkan kuali dari api, pukul mentega dan kirsch, pukul sehingga mentega dimasukkan, dan paksa krim pastri melalui ayak halus ke dalam mangkuk logam.

k) Masukkan praline dan biarkan krim pastri sejuk sepenuhnya, permukaannya ditutup dengan bungkus plastik. Isi boleh disediakan sehingga tahap ini 1 hari lebih awal dan disimpan bertutup dan sejuk.

l) Dalam periuk kecil, taburkan gelatin di atas air, biarkan ia lembut selama 1 minit, dan panaskan campuran dengan api sederhana sederhana, kacau sehingga gelatin dibubarkan dan cecair panas.

m) Pukul campuran gelatin ke dalam krim pastri, tetapkan mangkuk dalam mangkuk ais yang lebih besar dan air sejuk, dan kacau krim pastri sehingga ia pekat tetapi tidak ditetapkan. Keluarkan mangkuk dari air ais.

n) Dalam mangkuk sejuk dengan pengadun elektrik, pukul krim berat sehingga ia hanya memegang puncak yang keras. Pukul satu pertiga daripadanya ke dalam krim pastri untuk mencerahkannya, dan lipat krim yang tinggal dengan lembut tetapi teliti.

o) Pindahkan inti ke dalam beg pastri yang dipasang dengan hujung bintang sederhana.

p) Susun segi empat tepat meringue padat, sisi kasar ke atas, di atas pinggan dan paipkan beberapa inti secara hiasan dalam baris ke bawah sepanjangnya. Tutupnya dengan baki segi empat tepat meringue pepejal, sisi kasar ke atas, dan paipkan sebahagian daripada isian yang tinggal pada meringue dengan cara yang sama.

q) Taburkan baki meringue, bahagian kasar ke atas, dengan gula gula, dan letakkan di atas inti.

r) Paipkan roset isian yang tinggal pada meringue, hiaskannya dengan pistachio dan sejukkan dacquoise selama sekurang-kurangnya 2 jam dan sehingga 4 jam.

50.Karamel-Pecan Dacquoise

BAHAN-BAHAN:
UNTUK MERINGUES:
- 1 sudu teh jus limau segar
- ⅛ sudu teh garam
- 3 putih telur besar
- ½ cawan gula pasir
- ½ cawan pecan yang dicincang halus, dibakar

UNTUK MOUSSE:
- ⅓ cawan air sejuk
- 1 sudu teh gelatin tanpa rasa
- 6 sudu besar gula merah
- ⅓ cawan krim sebat berat, dibahagikan
- 1 sudu besar mentega
- 1 sudu besar sirap jagung berwarna cerah
- ⅛ sudu teh garam
- ¼ cawan gula pasir
- ¼ cawan air
- 2 putih telur besar
- Sedikit garam

LAIN-LAIN:
- 1 auns coklat pahit manis, dicincang dan dicairkan

ARAHAN:
a) Panaskan ketuhar hingga 200°.
b) Untuk menyediakan meringues, gabungkan 3 bahan pertama dalam mangkuk; pukul dengan mixer pada kelajuan tinggi sehingga berbuih.
c) Masukkan gula, 1 sudu besar pada satu masa, pukul sehingga membentuk puncak kaku. Lipat dalam pecan.
d) Sudukan campuran meringue dengan teliti ke dalam beg plastik atas zip ; meterai. Surih 1 (10 inci) bulatan pada setiap 2 helai kertas parchment; lekatkan 1 helai pada setiap 2 helaian pembakar. Potong ¼ inci dari 1 sudut beg; picit adunan meringue pada kuali yang telah disediakan untuk membentuk 2 (10 inci) bulatan.
e) Bakar meringue pada suhu 200° selama 3 jam atau sehingga kering. Matikan ketuhar ; sejukkan dalam ketuhar bertutup. Keluarkan meringue dengan berhati-hati.
f) Untuk menyediakan mousse, gabungkan air dan gelatin; biarkan selama 5 minit. Letakkan gula perang, 4 ½ sudu teh krim putar,

menteega, sirap, dan garam dalam periuk di atas api sederhana tinggi; biarkan mendidih, kacau sehingga gula larut. Masak selama 2 minit tanpa kacau; keluarkan dari haba.

g) Kacau dalam campuran gelatin; masak selama 30 saat, kacau sehingga gelatin larut. Keluarkan dari haba. Pindahkan campuran ke mangkuk besar; sejuk sepenuhnya.

h) Letakkan baki ¼ cawan krim putar dalam mangkuk sederhana; pukul dengan mixer pada kelajuan tinggi sehingga stiff peak terbentuk. Lipat krim disebat ke dalam campuran gelatin yang disejukkan; sejukkan 20 minit atau sehingga hampir set.

i) Satukan gula pasir dan ¼ cawan air dalam periuk kecil di atas api sederhana tinggi; masak sehingga mendidih, kacau sehingga gula larut.

j) Masak tanpa kacau sehingga termometer mencatatkan 250° (kira-kira 3 minit).

k) Letakkan 2 putih telur dan sedikit garam dalam mangkuk besar; menggunakan pemukul yang bersih dan kering, pukul dengan mixer pada kelajuan tinggi sehingga berbuih.

l) Perlahan-lahan tuangkan campuran gula panas dalam aliran nipis ke dalam putih telur; teruskan pukul sehingga stiff peak terbentuk. Kurangkan pengadun kepada kelajuan sederhana; pukul sehingga adunan sejuk (kira-kira 8 minit).

m) Lipat satu pertiga daripada campuran putih telur ke dalam campuran karamel; perlahan-lahan masukkan adunan putih telur yang tinggal. Sejukkan selama 1 jam. Letakkan 1 bulatan meringue yang dibakar di atas pinggan; sapukan mousse secara rata di atas meringue.

n) Teratas dengan baki bulatan meringue. Siram coklat cair di atas. Potong kepada 6 bahagian.

51. Karamel Masin, Badam & Hazelnut Dacquoise

BAHAN-BAHAN:
UNTUK MERINGUES:
- 250g gula aising
- 150g kacang hazel dicincang
- 150g badam kisar
- 9 putih telur besar (atau 360g putih telur cair)
- 100g gula kastor

UNTUK KARAMEL MASIN:
- 250g gula halus
- 150ml krim berganda
- Secubit kepingan garam laut

UNTUK GANACHE:
- 100g coklat susu, dipecahkan
- 50g 70% coklat gelap, dipecah menjadi kepingan
- 150ml krim berganda

UNTUK MERINGUE MENTEGAKRIM Itali:
- 3 putih telur besar (atau 120g putih telur cair)
- 280g gula halus
- 275g mentega tanpa garam, dilembutkan
- 1 sudu teh pes vanila

UNTUK SARANG MADU:
- 350g gula kastor
- 8 sudu besar sirap emas
- 2 sudu teh soda bikarbonat

UNTUK MENGHIAS:
- 100g badam dihiris, dibakar

UNTUK SUGAR DOME (PILIHAN):
- 100g gula kastor
- 50g glukosa cecair

PERALATAN:
- loyang kek 26cm
- Lembaran pembakar x3, setiap satu dialas dengan kertas pembakar
- Termometer gula
- Loyang pembakar, dialas alas dengan kertas pembakar
- Mangkuk kalis haba 20cm, bahagian luar ditutup dengan 2 lapisan filem berpaut kalis haba
- muncung bintang terbuka sederhana
- cincin atau pemotong kek 16cm, disapu minyak

ARAHAN:

a) Menggunakan loyang kek sebagai panduan, lukis bulatan pensel pada setiap kepingan kertas yang melapik loyang. Kembalikan kepingan kertas ke lembaran pembakar, sisi pensil ke bawah.

b) Panaskan ketuhar kepada 190°C/170°C kipas/375°F/Gas 5.

c) Buat meringue. Masukkan gula aising, hazelnut cincang dan badam yang dikisar ke dalam pemproses makanan. Blitz sehingga adunan menyerupai serbuk roti halus.

d) Pukul putih telur dalam mangkuk pengadun berdiri yang dilengkapi dengan pemukul, pada kelajuan sederhana selama 3-5 minit, sehingga putih telur memegang puncak lembut.

e) Masukkan gula, 1 sudu pada satu masa, pukul rata pada kelajuan sederhana antara setiap penambahan sehingga adunan licin dan gula sebati. Teruskan pukul sehingga anda telah menambah semua gula dan meringue berwarna putih cerah, selembut sutera dan sangat keras (10–15 minit).

f) Menggunakan sudu logam yang besar, lipat dalam adunan kacang dengan berhati-hati agar tidak mengeluarkan udara daripada meringue.

g) Dengan menggunakan sudu, bahagikan campuran meringue sama rata antara tiga helai pembakar dan ratakan ke dalam cakera untuk mengisi templat bulatan.

h) Bakar cakera meringue selama 25 minit, sehingga sedikit keemasan. Keluarkan mereka dari ketuhar dan tetapkan cakera meringue pada rak dawai. Biarkan sehingga sejuk, kemudian kupas kertas pembakar dengan teliti.

i) Sementara itu, sediakan karamel masin. Panaskan gula dengan 3 sudu besar air dalam periuk berasaskan berat di atas api perlahan, perlahan-lahan pusingkan kuali dari semasa ke semasa (tetapi jangan kacau), sehingga gula larut.

j) Besarkan api, masak sirap sehingga mendidih, dan teruskan masak, tanpa kacau, sehingga ia bertukar warna ambar, kemudian angkat kuali dari api.

k) Berhati-hati tuangkan krim dan serpihan garam laut dalam aliran yang stabil, kacau berterusan. Jika karamel mula mengeras, kembalikan kepada api dan pukul sehingga rata. Biarkan sejuk sepenuhnya.

l) Buat coklat ganache. Masukkan kedua-dua coklat ke dalam mangkuk tahan panas. Tuangkan krim ke dalam periuk sederhana dan letakkan di atas api sederhana. Didihkan, kemudian segera keluarkan kuali dari api dan tuangkan krim ke atas coklat. Biarkan selama 2 minit, sehingga licin. Mengetepikan.

m) Buat krim mentega meringue Itali. Letakkan gula dan 3 sudu besar air dalam periuk kecil di atas api perlahan. Apabila gula telah larut, besarkan api sehingga mendidih dengan cepat sehingga sirap mencapai 121°C pada termometer gula.

n) Sementara itu, pukul putih telur dalam mangkuk pengadun berdiri yang dipasang dengan pukul, pada kelajuan sederhana sehingga putih telur memegang puncak lembut.

o) Keluarkan sirap dari api dan, dengan pemukul pada kelajuan penuh, perlahan-lahan tuangkan sirap panas ke dalam putih telur dalam aliran nipis. Teruskan mengacau sehingga meringue menjadi sangat pekat dan berkilat dan mangkuk sejuk untuk disentuh.

p) Masukkan mentega secara beransur-ansur, pukul selepas setiap penambahan sehingga krim mentega licin dan pekat.

q) Masukkan karamel yang telah disejukkan ke dalam krim mentega meringue, dan pukul sehingga sebati sepenuhnya. Sejukkan krim mentega sehingga anda bersedia untuk menggunakannya.

r) Buat sarang lebah. Masukkan gula dan sirap emas ke dalam kuali sederhana dalam dan letakkan di atas api perlahan. Setelah gula dan sirap telah larut, besarkan api sehingga mendidih dengan cepat sehingga sirap mencapai 150°C pada termometer.

s) Masukkan soda bikarbonat dan pukul perlahan-lahan hingga sebati. Cepat-cepat tuangkan adunan sarang lebah yang menggelegak ke dalam loyang yang telah dialas. Biarkan ia set sepenuhnya (hanya beberapa minit), kemudian pecahkannya menjadi serpihan.

UNTUK MEMASANGKAN DACQUOISE

t) Letakkan satu daripada lapisan meringue pada pinggan hidangan yang besar dan rata dan sapukan dengan satu pertiga daripada krim mentega meringue. Letakkan satu lagi lapisan meringue di atas dan sapukan dengan coklat ganache. Teratas dengan lapisan meringue yang terakhir.

u) Simpan ¼ daripada krim mentega yang tinggal dan kemudian sapukan bakinya di atas dan tepi.

v) Sudukan krim mentega yang telah dikhaskan ke dalam beg paip yang dilengkapi dengan muncung bintang dan putaran paip krim mentega meringue di sekeliling tepi atas dacquoise.

w) Tekan badam serpihan yang telah dibakar pada bahagian tepi dacquoise dan letakkan di dalam peti sejuk untuk menyejukkan.

x) Buat kubah gula, jika menggunakan. Letakkan gula, glukosa, dan 3 sudu besar air dalam periuk kecil di atas api perlahan. Apabila gula telah larut, besarkan api sehingga mendidih dengan cepat sehingga sirap mencapai 145°C pada termometer. Sejukkan gula sehingga suhu menurun kepada 115°C.

y) Letakkan cincin kek di atas permukaan filem berpaut di atas mangkuk dan berhati-hati tuangkan sirap ke bahagian tengah cincin. Letakkan tekanan lembut dengan hujung jari anda di sekeliling bahagian luar cincin kek, menggalakkan kubah gula naik perlahan-lahan ke atas. Kekalkan tekanan sekata selama 5–10 minit, semasa kubah ditetapkan. Keluarkan cincin kek dari pangkal kubah gula dengan berhati-hati.

z) Letakkan serpihan sarang lebah di sekeliling tepi dacquoise, untuk membentuk cincin dengan krim mentega berpaip dan susun beberapa sarang lebah di tengah. Jika anda telah membuat kubah gula, letakkan di tengah-tengah dacquoise.

aa) Hidangkan segera.

52. Praline-Coklat Dacquoise

BAHAN-BAHAN:
UNTUK DACQUOISE:
- 100g badam kisar
- 20g tepung
- 4 biji putih telur
- 100g gula kastor
- 40g gula aising

UNTUK COKLAT GANACHE:
- 26 cl krim cecair
- 40g madu
- 300g coklat
- 50g mentega separuh masin

UNTUK PRALINE MOUSSE:
- 250g krim mentega
- 150g kastard
- 100g praline hazelnut

ARAHAN:

a) Panaskan ketuhar hingga 170°C (th.5-6). Pukul putih telur sehingga berbuih, kemudian masukkan gula kastor dan pukul selama 30 saat.

b) Dalam mangkuk yang berasingan, campurkan tepung, gula aising, dan badam kisar.

c) Masukkan campuran ini secara beransur-ansur ke dalam putih telur yang disebat dalam beberapa kelompok.

d) Pindahkan adunan ke dalam piping bag dengan hujung 14 mm.

e) Tutup dulang ketuhar dengan kertas pembakar dan paipkan dua cakera doh, setiap satu dengan diameter 16 cm, dalam bentuk seperti siput. Bakar selama 20 minit, kemudian keluarkan cakera dan biarkan ia sejuk di atas rak dawai.

f) Untuk coklat ganache, masak krim dan madu hingga mendidih, kemudian tuangkan adunan panas ke atas coklat yang telah dicincang. Kacau sehingga rata, kemudian masukkan mentega sejuk dalam kiub kecil.

g) Untuk mousse praline, pukul bersama krim pastri, krim mentega, dan praline hazelnut sehingga adunan menjadi berbuih.

h) Dengan menggunakan beg paip, selang seli antara kepingan besar ganache dan mousse di atas biskut pertama. Letakkan cakera kedua di atas dan ulangi proses.

i) Hiaskan dengan hazelnut panggang yang dihancurkan, kemudian sejukkan sekurang-kurangnya 1 jam sebelum dihidangkan.

53.Kek Dacquoise Walnut Perancis

BAHAN-BAHAN:
UNTUK KEK DACQUOISE WALNUT:
- 4 putih telur (kira-kira 120 g)
- 30 g gula pasir
- 90 g gula tepung (tambah 10 g untuk habuk)
- 30 g tepung badam
- 60 g tepung walnut (atau kenari hancur)

UNTUK CHANTILLY KRIM FROSTING:
- 200 g dulce de leche
- 250 g krim putar
- 25 g gula tepung
- 1 biji vanila

UNTUK WALNUT KARAMELIZED:
- 100 g walnut panggang
- 100 g gula
- 20 g air
- 20 g mentega

ARAHAN:
SEDIAKAN KEK DACQUOISE WALNUT:
a) Hancurkan kacang walnut sehingga anda mendapat tepung walnut yang rangup. Satukan gula tepung, tepung badam, dan kenari yang telah dihancurkan.

b) Dalam mangkuk yang berasingan, pukul putih telur dengan sedikit gula pasir sehingga ia membentuk soft peak. Masukkan baki gula dan pukul pada kelajuan tinggi sehingga membentuk puncak kaku (kira-kira 30 saat hingga 1 minit).

c) Masukkan gula tepung, tepung badam dan bancuhan walnut perlahan-lahan sehingga sebati. Pastikan anda mengikis bahagian bawah mangkuk.

BAKAR KEK DACQUOISE:
d) Panaskan ketuhar hingga 170°C/340°F. Letakkan cincin kek bersaiz 20 cm x 3.5 cm (8 inci x 1.4 inci) pada loyang yang dialas dengan kertas minyak. Griskan bahagian tepi cincin dan kertas minyak dengan semburan pembakar.

e) Ratakan adunan kek dacquoise (kira-kira 1.5 cm tinggi) di atas dasar cincin kek menggunakan piping bag atau spatula. Kemudian paipkan lapisan tambahan di sekeliling sempadan dalam cincin kek untuk membuat bahagian yang lebih tinggi.

f) Taburkan gula tepung ke atas permukaan kek dacquoise dan bakar hingga kekuningan dan set (kira-kira 10 minit). Keluarkan dari ketuhar dan biarkan ia sejuk di atas rak dawai selama 5 minit. Kemudian tutup dan sejukkan selama 20 minit.

SEDIAKAN WALNUT KARAMELIZED:

g) Panggang walnut pada suhu 170°C/340°F selama kira-kira 10 minit. Pastikan mereka hangat di dalam ketuhar yang dimatikan.

h) Dalam periuk berasingan, masak gula dan air sehingga mencapai 115°C/240°F. Masukkan walnut ke dalam sirap gula dan sentiasa kacau sehingga mereka menjadi karamel. Teruskan gaul sehingga salutan gula bertukar perang.

i) Angkat dari api dan masukkan mentega. Gaul sebati untuk mengelakkan walnut melekat bersama.

j) Letakkan walnut karamel pada kertas silpat atau parchment untuk menyejukkan pada suhu bilik.

MASUKKAN KEK DACQUOISE:

k) Tutup kek dacquoise dengan lapisan nipis dulce de leche dan sejukkan sekurang-kurangnya 30 minit (anda boleh biarkan seperti ini sehingga 2 hari).

l) Sediakan pembekuan krim vanilla Chantilly dengan pukul krim sejuk, gula tepung, dan kacang vanila yang dikikis sehingga bentuk soft peak.

m) Hiaskan kek dengan krim Chantilly menggunakan piping bag atau spatula. Sejukkan selama 30 minit lagi.

n) Selesai dengan menghias dengan walnut karamel.

54. BerasapMentegascotch Hazelnut Dacquoise

BAHAN-BAHAN:

COKLAT HAZELNUT DACQUOISE:
- 6 putih telur besar
- ⅔ cawan hazelnut yang dikisar
- ⅔ cawan badam kisar
- 1 cawan gula pasir
- ⅛ sudu teh garam laut halus
- 2 sudu besar serbuk koko tanpa gula

MENTEGASCOTCH ASAP:
- 1 cawan gula perang gelap
- 4 sudu besar mentega tanpa garam
- ¾ cawan krim putar berat
- 1 sudu teh garam laut salai
- 2 titik asap cair untuk rasa berasap tambahan!
- 1½ sudu teh pes atau ekstrak kacang vanila

KRIM MENDAPAT PERANCIS:
- 6 biji kuning telur besar
- ⅔ cawan sos mentegascotch salai
- 1 cawan mentega tanpa garam, suhu bilik

VANILLA BOURBON CHANTILLY KRIM:
- 1 cawan krim berat
- 2 sudu besar gula pasir
- ½ sudu teh pes atau ekstrak kacang vanila
- ½ sudu teh bourbon (pilihan)

ARAHAN:

COKLAT HAZELNUT DACQUOISE:

a) Panaskan ketuhar hingga 225°F (107°C). Lukis tiga bulatan 9-inci di atas kertas kertas, balikkannya untuk melapikkan lembaran pembakar, dan laraskan rak ketuhar sama rata.

b) Menggunakan pengadun berdiri dengan lampiran pukul pukul putih telur dengan garam pada kelajuan sederhana sehingga berbuih. Masukkan gula pasir secara beransur-ansur dan tingkatkan kelajuan kepada sederhana tinggi. Pukul sehingga puncak kaku terbentuk, kira-kira 3-4 minit.

c) Pukul bersama tepung kacang dan serbuk koko. Jika kacang mengisar sendiri, ayakan untuk mengeluarkan ketulan dan ukur jumlah yang betul.

d) Perlahan-lahan lipat bahan kering ke dalam meringue dalam dua tambahan. Elakkan adunan berlebihan untuk mengekalkan kegebuan.
e) Isikan piping bag dengan hujung bulat 1A. Bulatan paip, mengikut panduan yang dilukis. Ratakan dengan spatula offset jika mahu.
f) Bakar selama 2 jam 15 minit. Biarkan sejuk sebelum diisi.

MENTEGASCOTCH ASAP:
g) Dalam periuk sederhana di atas api sederhana sederhana, cairkan mentega dengan gula perang. Pukul kerap selama 3-4 minit sehingga ia menjadi berbuih, menyerupai pasir basah.
h) Perlahan-lahan gerimis dalam krim pekat sambil dipukul untuk menggabungkan (perhatikan untuk sputtering). Tambah asap cair jika mahu.
i) Masak selama kira-kira 10 minit sehingga mencapai 238°F (114°C). Pukul garam dan ekstrak kacang vanila.

KRIM MENDAPAT PERANCIS:
j) Dalam pengadun berdiri, pukul kuning telur pada sederhana tinggi sehingga pucat, gebu dan saiznya dua kali ganda.
k) Renjiskan dalam ⅔ sos mentegascotch, simpan selebihnya untuk topping. Pukul selama sekurang-kurangnya 8 minit sehingga sejuk dan mangkuk tidak lagi hangat.
l) Potong mentega ke dalam sudu besar dan masukkan satu demi satu, biarkan setiap satu untuk dimasukkan sebelum menambah seterusnya.
m) Teruskan pukul selama sekurang-kurangnya 8 minit lagi sehingga adunan kembang dan sutera. Pindahkan ke piping bag.

CHANTILLY:
n) Menggunakan pengadun berdiri, gabungkan krim sejuk, gula, dan vanila atau bourbon. Pukul sehingga stiff peak terbentuk. Pindahkan ke piping bag.

PERHIMPUNAN:
o) Letakkan cakera dacquoise di atas pinggan atau pinggan kek.
p) Pipe Chantilly dan mentegakrim Perancis seperti yang dikehendaki. Ulangi untuk lapisan yang tinggal.
q) Selesaikan dengan cakera dacquoise yang terakhir. Secara pilihan, taburkan bahagian atas dengan gula tepung atau gunakan sebarang krim yang tinggal.
r) Sejukkan sehingga sedia untuk dihidangkan. Nikmati!

55.Badam Nutella Dacquoise

BAHAN-BAHAN:
UNTUK LAPISAN BADAM DACQUOISE:
- tepung badam yang dikisar halus
- ¾ cawan gula pasir (dibahagikan kepada ½ cawan dan ¼ cawan)
- ¼ sudu teh garam
- 6 putih telur besar (pada suhu bilik)
- ½ sudu besar. ekstrak vanila

UNTUK KRIM SEBAT YANG DIINFUSKAN KOPI:
- 3 cawan krim putar berat
- ¼ cawan gula pasir
- 2 sudu teh ekstrak kopi (atau minuman keras badam atau minuman keras coklat)
- 2 sudu teh ekstrak vanila

UNTUK PERHIMPUNAN DAN HIASAN:
- 26.5 auns Nutella
- Bar coklat separa manis (untuk hiasan)

ARAHAN:

UNTUK LAPISAN BADAM DACQUOISE:

a) Panaskan ketuhar anda hingga 300°F (150°C). Lapik dua helaian pembakar dengan kertas parchment dan lukis tiga bulatan 8 inci pada setiap helaian. Balikkan kertas kertas supaya bulatan yang dilukis menghadap ke bawah.

b) Dalam mangkuk adunan yang besar, satukan tepung badam yang dikisar halus, ½ cawan gula pasir dan garam. Gaul sebati.

c) Dalam mangkuk yang berasingan, pukul putih telur suhu bilik sehingga berbuih. Masukkan baki ¼ cawan gula pasir secara beransur-ansur sambil terus dipukul. Pukul sehingga stiff peak terbentuk.

d) Masukkan adunan badam perlahan-lahan ke dalam putih telur yang telah dipukul. Masukkan esen vanilla dan gaul sehingga adunan sebati.

e) Bahagikan adunan sama rata di antara bulatan yang dilukis pada kertas parchment. Sebarkannya untuk membuat lapisan sekata dalam kalangan.

f) Bakar dalam ketuhar yang telah dipanaskan selama kira-kira 30 minit, atau sehingga lapisan dacquoise sedikit keemasan dan kering apabila disentuh. Keluarkan dari ketuhar dan biarkan ia sejuk sepenuhnya.

UNTUK KRIM SEBAT YANG DIINFUSKAN KOPI:

g) Dalam mangkuk adunan, satukan krim putar berat, ¼ cawan gula pasir, ekstrak kopi (atau minuman keras pilihan) dan ekstrak vanila.

h) Pukul adunan krim sehingga stiff peak terbentuk. Berhati-hati untuk tidak terlalu menyebat.

PERHIMPUNAN:

i) Letakkan satu lapisan dacquoise pada pinggan hidangan.

j) Sapukan lapisan Nutella di atas lapisan dacquoise.

k) Tambah selapis krim putar yang diselit kopi di atas Nutella.

l) Ulangi proses dengan baki lapisan dacquoise, Nutella, dan krim putar.

m) Hiaskan bahagian atas kek dengan coklat parut dan sebarang hiasan tambahan yang anda inginkan.

n) Sejukkan kek di dalam peti sejuk selama beberapa jam sebelum dihidangkan untuk membenarkan rasa sebati.

o) Hidangkan dan nikmati Badam Nutella Dacquoise anda!

56. Kacang tanah Dacquoise dengan Kacang tanah Mentega Mousse

BAHAN-BAHAN:
UNTUK DACQUOISE PEANUT:
- 1 ¼ cawan kacang tanah masin
- ¾ cawan gula (dibahagikan)
- 6 putih telur besar
- ⅛ sudu teh krim tartar
- 1 secubit garam halal kasar

UNTUK MOUSSE PANTAI:
- ½ cawan mentega kacang (gaya semula jadi yang kental)
- ¼ cawan gula perang keemasan (dibungkus)
- 1 secubit garam halal kasar
- 1 cawan krim putar berat (sejuk, dibahagikan)
- 1 sudu besar gula
- 1 sudu teh ekstrak vanila

UNTUK COKLAT GANACHE:
- ¼ cawan serbuk koko tanpa gula (semula jadi)
- ¼ cawan gula
- 1 cawan krim putar berat
- 1 ⅓ cawan cip coklat pahit manis

ARAHAN:
UNTUK DACQUOISE PEANUT:
a) Panaskan ketuhar anda hingga 350°F (175°C). Lapik loyang dengan kertas parchment.
b) Dalam pemproses makanan, satukan 1 cawan kacang tanah masin dan ¼ cawan gula. Proses sehingga kacang tanah dikisar halus.
c) Dalam mangkuk adunan yang bersih dan kering, pukul putih telur hingga berbuih. Masukkan krim tartar dan secubit garam halal kasar.
d) Masukkan baki ½ cawan gula secara beransur-ansur sambil terus dipukul. Pukul sehingga stiff peak terbentuk.
e) Masukkan adunan kacang tanah perlahan-lahan ke dalam putih telur yang telah dipukul sehingga sebati.
f) Sudukan adunan ke atas loyang yang disediakan dan ratakan ke dalam bentuk segi empat tepat, kira-kira 8x12 inci.
g) Taburkan baki ¼ cawan kacang masin secara rata di atasnya.
h) Bakar dalam ketuhar yang telah dipanaskan selama kira-kira 20-25 minit atau sehingga dacquoise ditetapkan dan sedikit keemasan.
i) Keluarkan dari ketuhar dan biarkan ia sejuk sepenuhnya.

UNTUK MOUSSE PANTAI:

j) Dalam mangkuk adunan, satukan mentega kacang, gula perang keemasan yang dibungkus , dan secubit garam halal kasar. Gaul hingga sebati.

k) Dalam mangkuk adunan yang berasingan, pukul ½ cawan krim putar berat sejuk dengan 1 sudu besar gula dan 1 sudu teh ekstrak vanila sehingga puncak kaku terbentuk.

l) Masukkan adunan mentega kacang perlahan-lahan ke dalam krim putar sehingga sebati sepenuhnya.

UNTUK COKLAT GANACHE:

m) Dalam periuk, pukul bersama serbuk koko tanpa gula, gula dan 1 cawan krim putar berat dengan api sederhana.

n) Bawa adunan hingga mendidih, kacau sentiasa, sehingga ia pekat dan menjadi licin.

o) Keluarkan periuk dari api dan masukkan cip coklat pahit manis. Kacau sehingga coklat cair sepenuhnya dan ganache licin.

PERHIMPUNAN:

p) Setelah dacquoise kacang telah sejuk, ratakan mousse mentega kacang di atasnya.

q) Siramkan coklat ganache ke atas mousse mentega kacang.

r) Sejukkan pencuci mulut selama sekurang-kurangnya 2-3 jam untuk membenarkan ia ditetapkan.

s) Hiris dan nikmati Kacang tanahDacquoise anda dengan Kacang tanahMentega Mousse!

57. Dacquoise Perayaan dengan Krim Baileys

BAHAN-BAHAN:
- 2 ¼ cawan (275g) gula kastor
- 1 ½ sudu teh tepung jagung
- ½ sudu teh kayu manis tanah
- 5 biji putih telur
- 2 sudu teh serbuk koko
- 75g hazelnut panggang, dicincang
- 2 cawan (500ml) krim pekat
- ¼ cawan (3 sudu besar) gula aising tulen, ditambah tambahan untuk habuk
- 3-4 sudu besar Baileys Mint Chocolate Irish Krim
- 8 pudina selepas makan malam, dibelah dua secara menyerong

ARAHAN:
MENYEDIAKAN LAPISAN DACQUOISE:
a) Panaskan ketuhar anda kepada 140°C (120°C kipas-paksa).
b) Lapik tapak tiga loyang kek 23cm dengan kertas pembakar atau letakkan tiga bulatan kertas pembakar 23cm di atas dulang pembakar.

MEMBUAT DACQUOISE:
c) Dalam mangkuk, satukan 2 ¼ cawan gula kastor, tepung jagung dan kayu manis yang dikisar.
d) Menggunakan pemukul elektrik, pukul putih telur sehingga puncak kaku terbentuk.
e) Masukkan 2 sudu besar adunan gula ke dalam putih telur yang telah dipukul dan teruskan pukul sehingga meringue menjadi kaku dan berkilat.
f) Masukkan baki adunan gula perlahan-lahan, berhati-hati untuk mengekalkan tekstur meringue yang ringan dan lapang.
g) Ayak serbuk koko di atas meringue dan lipatkannya untuk menghasilkan kesan beralun.
h) Bahagikan adunan di antara kuali atau dulang yang disediakan, ratakan di atas tapak sambil meninggalkan sempadan 5mm.
i) Taburkan hazelnut yang dicincang ke atas meringue.
j) Bakar selama 1 jam, kemudian matikan ketuhar dan biarkan dacquoise sejuk di dalam selama 1 jam lagi.
k) Keluarkan dari ketuhar dan biarkan ia sejuk sepenuhnya.

MENYEDIAKAN KRIM BAILEYS:
l) Pukul krim pekat, gula aising, dan Baileys Mint Chocolate Irish Krim bersama-sama sehingga puncak lembut terbentuk.

MEMASANG DACQUOISE:
m) Letakkan salah satu lapisan dacquoise pada bekas kek.
n) Sapukan hampir separuh daripada krim Baileys secara merata ke atas lapisan meringue.
o) Ulangi proses dengan lapisan dacquoise kedua, simpan sedikit krim untuk bahagian atas.
p) Letakkan lapisan dacquoise terakhir di atas.
q) Sudukan krim yang dikhaskan di tengah-tengah dacquoise.
r) Hiaskan bahagian atas dengan pudina selepas makan malam yang dibelah dua.
s) Taburkan keseluruhan pencuci mulut dengan gula aising untuk kemasan perayaan.

58. Coklat Putih & Kacang Pine Dacquoise

BAHAN-BAHAN:

UNTUK DACQUOISE:
- 115 g putih telur
- 45 g gula kastor
- 100 g badam tanah
- 115 g gula aising
- 1.5 g serbuk vanila
- 1.5 g kayu manis

UNTUK CAKERA PRALINE DAN KEREPEK NASI COKLAT SUSU:
- 167.5 g coklat susu
- 40 g praline
- 30 g mentega
- 40 g kerepek nasi

UNTUK KRIM CHANTILLY COKLAT SUSU:
- 200 g krim
- 70 g coklat susu

UNTUK COKLAT PUTIH & KACANG PINE:
- 300 g krim
- 80 g coklat putih
- 60 g kacang pain

UNTUK KRIM AIS:
- 200 g krim
- 20 g gula aising

UNTUK PERHIMPUNAN:
- 200 g krim
- 75 g coklat putih
- Daun perak untuk hiasan

ARAHAN:

DACQUOISE:
a) Dalam mangkuk, satukan putih telur dan gula kastor.
b) Dalam mangkuk lain, campurkan badam kisar, gula aising, serbuk vanila, dan kayu manis.
c) Buat meringue dengan putih telur dan gula, kemudian masukkan campuran badam.
d) Menggunakan beg paip, tuangkan adunan dacquoise ke dalam acuan 180mm180mm45mm.
e) Taburkan gula kastor dan bakar pada suhu 180°C selama 22 minit.

f) Biarkan ia sejuk dan kemudian taburkan gula aising untuk menghiasi sempadan.

CAKERA PRALINE DAN KEREPEK NASI COKLAT SUSU:
g) Cairkan coklat susu dan praline dalam bain-marie.
h) Masukkan mentega cair dan kerepek nasi.
i) Ratakan adunan sehingga setebal 2mm dan potong segi empat sama 12 cm.

KRIM CHANTILLY COKLAT SUSU:
j) Panaskan sedikit krim dan masukkan coklat susu.
k) Letakkannya di dalam bekas dan biarkan selama 24 jam di dalam peti sejuk.

COKLAT PUTIH DAN KACANG PINE:
l) Panaskan sedikit krim dengan kacang pain yang dicincang dan biarkan ia meresap.
m) Masukkan coklat putih ke dalam krim yang telah dipanaskan.
n) Letakkannya di dalam bekas dan biarkan selama 24 jam di dalam peti sejuk.
o) Pukul coklat yang telah disejukkan pada keesokan harinya dan tuangkan ke dalam acuan persegi berukuran 12 cm x 12 cm menggunakan piping bag.
p) Biarkan di dalam peti sejuk selama 3 jam. Selepas mengeluarkan coklat putih dari acuan, biarkan ia berehat di dalam peti sejuk.

KRIM AIS:
q) Pukul krim dengan gula aising.

PERHIMPUNAN:
r) Pukul krim Chantilly coklat susu dan tuangkan ke tengah dacquoise.
s) Letakkan cakera coklat susu di atas.
t) Biarkan di dalam peti ais selama lebih dari 1 jam.
u) Tutup kacang pain beku & coklat putih dengan krim aising.
v) Taburkan dengan gula aising dan letakkan pada cakera coklat susu.
w) Campurkan 200 g krim dan 75 g coklat putih untuk membuat coklat putih krim Chantilly.
x) Hiaskan kek dengan krim Chantilly coklat putih.
y) Tambah sentuhan akhir dengan daun perak.

… DACQUOISE BERKAFEINA

59. Mocha Dacquoise dengan Rum

BAHAN-BAHAN:
UNTUK KERAK MERINGUE BADAM BAKAR
- 6 biji putih telur
- 1–½ cawan gula pasir
- ⅛ sudu teh garam
- 1 sudu teh ekstrak vanila
- ¼ sudu teh krim tartar
- 1 cawan kepingan badam - dibakar dan dikisar

UNTUK COKLAT COFFEE MENTEGAKRIM
- 3 sudu besar kopi espresso panas
- 2 sudu teh kopi segera yang kuat
- 1 cawan coklat separuh manis – dicincang halus
- 2 batang mentega tanpa garam – dilembutkan pada suhu bilik
- 3 biji kuning telur
- ¾ cawan gula tepung

UNTUK PENGISIAN KRIM CHANTILLY
- Krim sebat berat 1 liter
- 1 cawan gula tepung
- 1 sudu besar rum gelap
- ⅓ cawan badam panggang yang dicincang

ARAHAN:
UNTUK KERAK MERINGUE BADAM BAKAR:
a) Lapik 2 helaian pembakar dengan kertas parchment dan lukis (2) bulatan 9"-10" pada setiap keping parchment.
b) Panaskan ketuhar hingga 225°F.
c) Pukul putih telur dengan tinggi sehingga berbuih, kemudian masukkan garam, krim tartar, dan ekstrak vanila, dan pukul sehingga puncak lembut terbentuk.
d) Masukkan gula secara beransur-ansur sambil dipukul sehingga membentuk puncak kaku, kira-kira 8-10 minit.
e) Hentikan pukulan dan masukkan badam yang telah dikisar perlahan-lahan.
f) Paipkan meringue ke atas kertas dalam bentuk bulat dengan beg pastri dan ratakan dengan spatula aising kek untuk membuat kerak bulat dengan ketebalan yang sekata.
g) Bakar selama 2-½ jam dan biarkan di dalam ketuhar untuk sejuk sepenuhnya. JANGAN buka pintu ketuhar sehingga sedia untuk

digunakan kerana meringue akan cepat menyerap sebarang lembapan di udara. Anda mahu mereka kekal segar.

UNTUK COKLAT COFFEE MENTEGAKRIM:

h) Larutkan kopi segera ke dalam espresso – sepenuhnya.

i) Tuangkan adunan kopi ke atas coklat dalam mangkuk kaca dengan api dalam ketuhar gelombang mikro selama kira-kira 30 saat dan gaul dengan spatula sehingga adunan sebati.

j) Pindahkan ke dalam mangkuk adunan dan biarkan ia sejuk sehingga ia hanya sedikit suam, tetapi tidak padat.

k) Campurkan dengan lampiran dayung pada kelajuan rendah, tambah 2 sudu mentega lembut pada satu masa, kemudian masukkan kuning telur dan selepas ia disepadukan, masukkan gula tepung.

l) Gaul sehingga adunan sebati dan berhenti. Jangan overmix.

UNTUK PENGISIAN KRIM CHANTILLY:

m) Potong dan bakar kepingan badam dalam kuali tidak melekat pada api sederhana rendah, kacau dengan spatula sehingga bahagian tepinya mula bertukar keemasan. Angkat dan ketepikan.

n) Gunakan mangkuk adunan beku anda dan dayung untuk mencambuk krim pada kelajuan tinggi sehingga puncak lembut terbentuk.

o) Perlahan-lahan masukkan gula dan kemudian rum.

p) Pukul sehingga anda mempunyai puncak kaku.

q) Masukkan badam perlahan-lahan dengan spatula dan sejukkan sehingga sedia untuk digunakan.

PERHIMPUNAN MOCHA DACQUOISE:

r) Keluarkan kerak dari ketuhar, keluarkan perlahan-lahan dari kertas parchment dengan spatula aising, dan pindahkan ke atas hidangan kek. Berhati-hati, mereka rapuh.

s) Sapukan mentegakrim di sekeliling tepi luar kerak.

t) Sendukkan bahagian tengah dengan krim putar Chantilly ke tepi atas krim mentega mocha dan ratakan dengan spatula aising.

u) Berhati-hati meletakkan kerak kedua di atas. Jangan tekan dan gunakan kerak untuk meratakan inti! Mereka rapuh.

v) Taburkan dengan gula tepung.

w) Hiaskan dengan lebih banyak krim mentega mocha coklat.

60.Teh Hijau Dacquoise

BAHAN-BAHAN:
UNTUK DACQUOISE:
- 80g putih telur
- 24g gula
- 3g tepung lembut
- 48g serbuk badam
- 48g gula tepung
- 3g serbuk teh hijau

UNTUK KRIM PASTRI TEH HIJAU:
- 125g susu
- 15g gula (gula A)
- 30g kuning telur
- 15g gula (gula B)
- 10g kanji
- 3g serbuk teh hijau
- ½ sudu teh ekstrak vanila
- Gula serbuk

ARAHAN:
UNTUK KRIM PASTRI TEH HIJAU:
a) Dalam periuk, satukan susu, 15g gula (Gula A), dan ekstrak vanila. Panaskan sehingga mendidih, kemudian keluarkan dari api.
b) Dalam mangkuk yang berasingan, campurkan kuning telur dan 15g gula (Gula B) sehingga sebati. Masukkan kanji dan serbuk teh hijau, dan gaul sebati.
c) Perlahan-lahan tuangkan adunan susu rebus ke dalam adunan kuning telur, kacau berterusan. Tapis adunan melalui ayak ke dalam periuk.
d) Letakkan periuk di atas api perlahan dan masak adunan sehingga ia pekat dan menjadi konsisten berkrim.
e) Pindahkan krim pastri teh hijau ke mangkuk lain, tutupnya, dan sejukkan di dalam peti sejuk.

UNTUK DACQUOISE:
f) Ayak bersama tepung lembut, serbuk badam, gula tepung, dan serbuk teh hijau.
g) Dalam mangkuk yang berasingan, pukul putih telur sehingga buih besar terbentuk. Masukkan gula secara beransur-ansur dalam 2-3 peringkat untuk membuat meringue yang kaku.
h) Masukkan adunan tepung yang telah diayak perlahan-lahan ke dalam meringue menggunakan spatula, berhati-hati agar tidak mengempiskan meringue.
i) Pindahkan adunan ke dalam beg pastri dan paipkan ke dalam loyang.
j) Taburkan gula tepung dengan murah hati di atas adunan berpaip. Apabila ia cair ke tahap tertentu, taburkan satu lagi lapisan gula tepung.
k) Bakar dalam ketuhar yang dipanaskan hingga 180 darjah Celsius (356 darjah Fahrenheit) selama 10-12 minit, atau sehingga perang keemasan. Kemudian, biarkan ia sejuk.

PERHIMPUNAN:
l) Setelah dacquoise telah sejuk, sandwic krim pastri teh hijau di antara dua lapisan dacquoise.
m) Hidangkan dan nikmati dacquoise teh hijau anda!

61. Kopi dan Hazelnut Dacquoise

BAHAN-BAHAN:
- 4 biji putih telur
- 1 cawan gula kastor
- 1 sudu teh cuka putih
- 1 sudu teh tepung jagung
- 1 cawan krim putar
- ½ cawan hazelnut cincang, dibakar
- 1 sudu besar kopi segera, dilarutkan dalam 1 sudu air mendidih

ARAHAN

a) Panaskan ketuhar hingga 300°F (150°C). Lapik loyang dengan kertas parchment.

b) Pukul putih telur sehingga stiff peak terbentuk. Secara beransur-ansur tambah gula, satu sudu pada satu masa, pukul dengan baik selepas setiap penambahan.

c) Masukkan cuka dan tepung jagung dan pukul sehingga sebati.

d) Sendukkan adunan ke atas loyang yang disediakan untuk membentuk bulatan 8 inci (20 cm).

e) Menggunakan spatula, buat perigi di tengah dacquoise.

f) Bakar selama 1 jam atau sehingga dacquoise garing di luar dan lembut di dalam.

g) Biarkan sejuk sepenuhnya.

h) Campurkan kopi segera dengan air mendidih dalam mangkuk kecil. Sapukan krim putar di atas dacquoise. Taburkan dengan hazelnut yang dicincang dan gerimis dengan bancuhan kopi.

62. Kopi Mentegakrim dan Walnut Dacquoise

BAHAN-BAHAN:
UNTUK WALNUT DACQUOISE:
- ¾ cawan walnut (dipanggang sedikit)
- ¾ cawan erythritol (berbutir, penggunaan dibahagikan)
- 1 sudu besar pati arrowroot
- 3 biji putih telur (suhu bilik)
- ½ sudu teh krim tartar
- ½ sudu teh ekstrak vanila

UNTUK KOPI MENTEGAKRIM:
- 1 sudu besar kopi segera
- 1 ½ sudu besar air panas
- 4 auns krim keju (dilembutkan)
- 8 sudu besar mentega (dilembutkan)
- ¾ cawan erythritol
- ½ sudu teh ekstrak vanila
- ½ cawan krim putar

UNTUK COKLAT GANACHE:
- 5 sudu besar mentega
- 2 auns coklat tanpa gula (dicincang)
- 2 sudu besar erythritol (serbuk, atau xylitol)
- ¼ cawan serbuk koko
- ¼ sudu teh ekstrak vanila
- ekstrak stevia

ARAHAN:
UNTUK WALNUT DACQUOISE:
a) Panaskan ketuhar anda hingga 300°F (150°C). Lapik loyang dengan kertas parchment.
b) Dalam pemproses makanan, tumbuk kacang walnut yang telah dibakar dengan ¼ cawan erythritol dan kanji anak panah sehingga dikisar halus.
c) Dalam mangkuk adunan yang bersih dan kering, pukul putih telur sehingga berbuih. Masukkan krim of tartar dan teruskan pukul sehingga soft peak terbentuk.
d) Masukkan baki ½ cawan erythritol secara beransur-ansur sambil terus memukul. Pukul sehingga stiff peak terbentuk dan adunan berkilat.

e) Masukkan campuran walnut yang dikisar dan ekstrak vanila perlahan-lahan ke dalam adunan putih telur sehingga sebati sepenuhnya.

f) Sudukan adunan ke atas loyang yang telah disediakan dan ratakan ke dalam lapisan yang sekata, membentuk bentuk segi empat tepat.

g) Bakar dalam ketuhar yang telah dipanaskan selama kira-kira 40-45 minit atau sehingga dacquoise ditetapkan dan berwarna perang sedikit.

h) Keluarkan dari ketuhar dan biarkan ia sejuk sepenuhnya.

UNTUK KOPI MENTEGAKRIM:

i) Larutkan kopi segera dalam air panas dan ketepikan untuk menyejukkan.

j) Dalam mangkuk adunan, pukul bersama keju krim, mentega lembut, serbuk erythritol, dan ekstrak vanila sehingga licin dan berkrim.

k) Masukkan campuran kopi yang telah disejukkan ke dalam adunan keju krim dan pukul sehingga sebati.

l) Dalam mangkuk adunan yang berasingan, pukul krim putar sehingga puncak kaku terbentuk.

m) Lipat krim putar perlahan-lahan ke dalam adunan kopi sehingga sebati sepenuhnya.

UNTUK COKLAT GANACHE:

n) Dalam mangkuk selamat gelombang mikro, satukan mentega, coklat tanpa gula cincang, serbuk erythritol, serbuk koko dan ekstrak vanila.

o) Ketuhar gelombang mikro dalam selang 20 saat, kacau antara setiap satu, sehingga coklat dan mentega cair sepenuhnya dan adunan sebati.

PERHIMPUNAN:

p) Setelah walnut dacquoise telah sejuk, sapukan mentegakrim kopi secara merata ke atas.

q) Siramkan coklat ganache ke atas mentegakrim kopi.

r) Sejukkan dacquoise selama sekurang-kurangnya 1 jam untuk membenarkan ia mengeras.

s) Hiris dan nikmati Walnut Dacquoise anda dengan Coffee Mentegakrim!

63. Cappuccino Dacquoise Badam Beku

BAHAN-BAHAN:
UNTUK LAPISAN MERINGUE:
- 1 cawan badam asli bercengkerang, dibakar ringan dan disejukkan
- 1¼ cawan Gula
- 2½ sudu teh Tepung jagung
- 5 biji putih telur besar
- ¼ sudu teh Krim tartar
- ¼ sudu teh Garam

UNTUK PENGISIAN:
- 4½ cawan krim berat yang disejukkan dengan baik
- ⅓ cawan serbuk espreso segera
- 6 sudu besar Gula
- 2 sudu besar Kahlua atau minuman keras berperisa kopi lain

HIASAN:
- ½ pain Raspberi

ARAHAN:
a) Panaskan ketuhar anda hingga 250°F. Lapik 2 helaian pembakar mentega dengan kerajang atau kertas parchment dan surih tiga segi empat tepat 13 kali 4 inci pada kerajang atau kertas (2 pada satu helaian dan 1 pada satu lagi).

UNTUK MEMBUAT LAPISAN MERINGUE:
b) Dalam pemproses makanan, kisar badam halus dengan ½ cawan gula dan tepung jagung.

c) Dalam mangkuk besar menggunakan pengadun elektrik, pukul putih telur dengan krim tartar dan garam sehingga ia memegang puncak lembut. Pukul secara beransur-ansur dalam baki ¾ cawan gula dalam aliran perlahan, teruskan pukul sehingga meringue memegang puncak kaku dan berkilat.

d) Campurkan badam secara perlahan-lahan tetapi teliti. Pindahkan campuran meringue ini ke dalam beg pastri yang dilengkapi dengan hujung biasa ½ inci. Bermula di sepanjang tepi dalam segi empat tepat, paipkan meringue pada kerajang yang disediakan, isikan segi empat tepat.

e) Bakar lapisan meringue di bahagian atas dan pertiga bahagian bawah ketuhar, tukar kedudukan helaian separuh jalan semasa membakar.

f) Bakar selama 1 hingga 1¼ jam, atau sehingga meringue padat dan kering apabila disentuh. Sejukkan meringues pada helaian di atas rak.

g) Luncurkan kerajang dari helaian dan berhati-hati mengupas meringu dari kerajang. Lapisan meringue boleh dibuat 1 hari lebih awal dan disimpan, dibalut rapat, pada suhu bilik.

h) Potong sekeping kadbod 2 inci lebih besar daripada lapisan meringue dan bungkusnya dalam kerajang.

UNTUK MEMBUAT PENGISIAN:

i) Dalam mangkuk besar menggunakan pengadun elektrik, pukul bersama bahan-bahan inti sehingga adunan hanya memegang puncak kaku.

UNTUK MEMASANG KEK:

j) Letakkan satu lapisan meringue, licin bahagian bawah, pada kadbod. Menggunakan spatula logam yang panjang, sapukan lapisan isian setebal ½ inci ke atas. Ulang pelapisan dengan cara yang sama dengan lapisan meringue lain dan beberapa inti. Letakkan inti dengan baki lapisan meringue, ratakan ke atas. Sapukan lapisan nipis inti pada bahagian atas dan tepi dacquoise.

k) Pindahkan baki inti ke dalam beg pastri yang dilengkapi dengan hujung bintang. Paipkan isian yang tinggal secara hiasan di sekeliling dacquoise dan susun raspberi di atasnya.

l) Bekukan dacquoise, tidak bertutup, sehingga keras, kira-kira 6 jam. Dacquoise boleh dibuat 2 hari lebih awal dan dibekukan. Balut dalam bungkus plastik dan foil selepas 6 jam.

m) Biarkan dacquoise berdiri di dalam peti sejuk selama 30 minit sebelum dihidangkan. Potong dacquoise dengan pisau elektrik atau gunakan pisau bergerigi.

n) Nikmati Frozen Badam Cappuccino Dacquoise anda, hidangan sejuk beku yang menarik!

64. Hazelnut-Mocha Dacquoise

BAHAN-BAHAN:
UNTUK DACQUOISE:
- 1 ⅓ cawan hazelnut yang dicelur
- 1 ½ cawan ditambah ⅓ cawan gula
- 1 sudu besar tepung kentang kosher
- 6 putih telur besar
- ¼ sudu teh garam
- ¼ cawan susu penuh

UNTUK GANACHE:
- 5 cawan krim berat
- 8 auns coklat pahit manis, dicincang kasar
- 1 sudu besar serbuk espresso segera

UNTUK KRIM SEBAT:
- 4 cawan krim berat
- ⅓ cawan gula

UNTUK TOPPING:
- Coklat yang dicukur

ARAHAN:
a) Letakkan rak di bahagian atas dan pertiga bahagian bawah ketuhar dan panaskan hingga 325 darjah F. Sapukan kacang hazel di atas loyang dan bakar sehingga dibakar selama 12 hingga 15 minit; biarkan sejuk sepenuhnya.

b) Satukan 1 cawan setiap kacang hazel dan gula dan kanji kentang dalam pengisar atau pemproses makanan dan nadi sehingga dikisar sangat halus. Pindahkan ke mangkuk besar.

c) Kurangkan suhu ketuhar kepada 275 darjah F. Lapik 2 helai pembakar besar dengan kertas parchment. Menggunakan mangkuk sebagai panduan, lukis tiga bulatan 7 inci pada kertas dengan pensil (2 bulatan pada 1 keping dan 1 bulatan pada satu lagi); balikkan kertas kulit supaya tanda menghadap ke bawah.

d) Masukkan putih telur, ½ cawan gula, dan garam ke dalam mangkuk tahan panas yang besar. Letakkan di atas periuk air mendidih (jangan biarkan mangkuk menyentuh air) dan pukul sehingga gula larut dan adunan hangat, 2 hingga 5 minit.

e) Keluarkan mangkuk dari periuk dan pukul dengan pengadun pada kelajuan sederhana tinggi sehingga kaku dan berkilat tetapi tidak kering, kira-kira 2 minit.

f) Masukkan susu dan satu perempat adunan putih telur ke dalam adunan kacang dengan spatula getah hingga rata, kemudian masukkan baki putih telur hingga sebati. Bahagikan adunan di antara 3 bulatan pada parchment dan ratakan dengan spatula offset untuk mengisi bulatan.

g) Bakar selama 1 jam, 30 minit, kemudian tukar kedudukan kuali dan teruskan membakar sehingga pejal, kering dan keemasan, 1 hingga 2 jam lagi. (Lapisan dilakukan apabila ia mudah mengupas kulit.)

h) Biarkan sejuk sedikit pada lembaran pembakar; kupas kulit dan pindahkan ke rak untuk menyejukkan sepenuhnya.

BUAT GANACHE:

i) Masukkan 1 cawan krim ke dalam mangkuk yang selamat dari gelombang mikro; gelombang mikro sehingga sangat panas, kira-kira 2 minit. Pukul coklat dan serbuk espresso sehingga rata.

j) Biarkan sejuk pada suhu bilik, kemudian tutup dan sejukkan sehingga sejuk, tebal dan boleh disebarkan, sekurang-kurangnya 30 minit.

k) Buat krim putar: Satukan baki 4 cawan krim dan ⅓ cawan gula dalam mangkuk besar dan pukul dengan pengadun pada kelajuan sederhana sehingga ia hampir tidak memegang puncak lembut, 1 hingga 2 minit.

l) Selesai memukul krim dengan tangan dengan pukul sehingga puncak lembut terbentuk; jangan keterlaluan.

m) Letakkan 2 lapisan meringue pada lembaran penaik; ratakan separuh daripada ganache pada setiap satu, ke tepi. Sejukkan sehingga set, 15 minit. (Jika ganache terlalu padat untuk disebarkan, gelombang mikro dalam selang 20 saat untuk melembutkan.)

n) Letakkan salah satu meringues berlapis ganache di atas pinggan. Sapukan dengan 1 cawan krim putar. Timbunkan meringue berlapis ganache yang lain di atas; sapukan dengan lapisan krim putar lagi.

o) Teratas dengan meringue terakhir, kemudian tutup bahagian atas dan tepi kek dengan baki krim putar.

p) Potong baki ⅓ cawan hazelnut dan taburkan di atas kek bersama coklat yang telah dicukur.

q) Sejukkan sekurang-kurangnya 6 jam atau semalaman sebelum dihidangkan.

65.Kopi Rum Kismis Dacquoise

BAHAN-BAHAN:
UNTUK BISKUT:
- 90g badam kisar (hazelnut juga boleh digunakan)
- 40g gula aising
- 1g serbuk putih telur
- 100g putih telur

UNTUK KRIM KOPI:
- 100g mentega tanpa garam
- 35g putih telur
- 35g gula aising
- 2 sudu teh serbuk kopi
- 2 sudu teh rum

ARAHAN:
UNTUK BISKUT:

a) Panaskan ketuhar hingga 180°C (350°F).

b) Dalam mangkuk adunan yang bersih, pukul putih telur sehingga berbuih, kemudian masukkan gula dan serbuk putih telur dalam 3 penambahan, teruskan pukul sehingga membentuk puncak kaku.

c) Ayak badam kisar dan gula aising bersama-sama. Lipat bahan kering yang telah diayak ke dalam meringue.

d) Menggunakan beg paip yang dipasang dengan hujung bulat biasa, paipkan cakera bulat adunan pada kertas parchment.

e) Taburkan gula aising dua kali ke atas dacquoise berpaip. Habuk kedua hendaklah dilakukan sejurus sebelum dibakar.

f) Bakar pada suhu 180°C (350°F) selama 15 minit.

g) Sejukkan biskut sepenuhnya sebelum dikeluarkan dari kertas parchment.

UNTUK KRIM KOPI:

h) Dalam mangkuk adunan yang bersih, pukul putih telur dan gula sehingga puncak kaku terbentuk.

i) Dalam mangkuk lain, pukul mentega suhu bilik sehingga pucat dan berkrim. Pada kelajuan rendah, campurkan meringue dengan mentega berkrim.

j) Campurkan serbuk kopi dengan rum dan masukkan ke krim mentega.

PERHIMPUNAN:

k) Sapukan mentegakrim kopi pada muka licin salah satu biskut Dacquoise.

l) Letakkan kira-kira 3-4 kismis yang direndam rum di atas krim.

m) Sandwic ini dengan sekeping biskut Dacquoise lagi.

66. Coklat-Espresso Dacquoise

BAHAN-BAHAN:

UNTUK MERINGUE:
- ¾ cawan badam yang dihiris pucat, dibakar
- ½ cawan hazelnut, dibakar dan dikuliti
- 1 sudu besar tepung jagung
- ⅛ sudu teh garam
- 1 cawan (7 auns) gula
- 4 putih telur besar, pada suhu bilik
- ¼ sudu teh krim tartar

UNTUK MENTEGAKRIM:
- ¾ cawan susu penuh
- 4 biji kuning telur besar
- ⅓ cawan (2 ⅓ auns) gula
- 1 ½ sudu teh tepung jagung
- ¼ sudu teh garam
- 2 sudu besar amaretto atau air
- 1 ½ sudu besar serbuk espresso segera
- 16 sudu besar (2 cawan) mentega tanpa garam, dilembutkan

UNTUK GANACHE:
- 6 auns coklat pahit manis, dicincang halus
- ¾ cawan krim berat
- 2 sudu teh sirap jagung
- 12 biji hazelnut keseluruhan, dibakar dan dikuliti
- 1 cawan badam yang dihiris pucat, dibakar

ARAHAN:
UNTUK MERINGUE:
a) Panaskan ketuhar anda kepada 325°F (163°C). Lapik loyang tanpa bingkai dengan kertas parchment.

b) Dalam pemproses makanan, gabungkan hirisan badam, hazelnut, tepung jagung dan garam yang telah dibakar. Proses sehingga kacang dikisar halus.

c) Dalam mangkuk yang berasingan, pukul bersama gula, putih telur, dan krim tartar sehingga adunan berkilat dan memegang puncak yang keras.

d) Masukkan adunan kacang perlahan-lahan ke dalam adunan putih telur sehingga sebati.

e) Pada lembaran pembakar yang disediakan, ratakan campuran meringue ke dalam segi empat tepat 12x8 inci.

f) Bakar dalam ketuhar yang telah dipanaskan selama kira-kira 30 minit atau sehingga meringue keemasan dan garing. Biarkan ia sejuk sepenuhnya.

UNTUK MENTEGAKRIM:
g) Dalam periuk, panaskan keseluruhan susu dengan api sederhana sehingga ia mengukus tetapi tidak mendidih. Keluarkan dari api.

h) Dalam mangkuk yang berasingan, pukul bersama kuning telur, gula, tepung jagung, dan garam sehingga sebati.

i) Pukul susu kukus secara beransur-ansur ke dalam adunan kuning telur.

j) Kembalikan adunan ke dalam periuk dan masak dengan api sederhana, kacau sentiasa sehingga ia menjadi pekat seperti kastard. Keluarkan dari api.

k) Larutkan serbuk espresso segera dalam amaretto (atau air) dan kacau ke dalam kastard. Biarkan ia sejuk sepenuhnya.

l) Dalam mangkuk adunan, pukul mentega lembut sehingga berkrim. Masukkan campuran kastard espresso yang telah disejukkan secara beransur-ansur dan pukul sehingga krim mentega licin dan sebati.

UNTUK GANACHE:
m) Letakkan coklat pahit yang dicincang halus dalam mangkuk tahan panas.

n) Dalam periuk, panaskan krim berat dan sirap jagung dengan api sederhana sehingga ia mula mendidih. Keluarkan dari api dan tuangkan ke atas coklat cincang.

o) Biarkan adunan selama seminit untuk mencairkan coklat, kemudian kacau sehingga licin dan berkilat.

PERHIMPUNAN:

p) Letakkan segi empat tepat meringue yang telah disejukkan di atas pinggan hidangan.

q) Sapukan lapisan krim mentega espresso secara merata ke atas meringue.

r) Letakkan lapisan kedua meringue dengan berhati-hati di atas krim mentega.

s) Tuangkan ganache ke atas lapisan meringue atas, biarkan ia menitis ke bawah.

t) Hiaskan bahagian atas dengan hazelnut panggang dan badam yang dihiris pudar.

u) Sejukkan Dacquoise selama sekurang-kurangnya 4 jam atau sehingga ditetapkan.

v) Hiris dan hidangkan Chocolate-Espresso Dacquoise yang menarik ini. Nikmati!

67. Vanilla Susu Dacquoise dengan Krim Kopi Vanila

BAHAN-BAHAN:
UNTUK LAPISAN MERINGUE:
- 1 cawan pecan, dikisar halus
- 1 cawan gula tepung
- 4 putih telur besar
- ½ cawan gula pasir
- 2 sudu besar serbuk vanilla susu segera dilarutkan dalam 2 sudu air panas

UNTUK KRIM KOPI VANILA:
- 1 ½ cawan krim pekat
- 2 sudu besar gula halus
- 2 sudu besar serbuk vanilla susu segera dilarutkan dalam 2 sudu air panas

ARAHAN:
UNTUK LAPISAN MERINGUE:
a) Panaskan ketuhar anda hingga 300°F (150°C). Lapik dua helaian pembakar dengan kertas parchment dan lukis dua bulatan 9 inci pada setiap helaian.

b) Dalam mangkuk adunan, satukan pecan yang dikisar halus dan gula tepung.

c) Dalam mangkuk lain, pukul putih telur sehingga soft peak terbentuk. Masukkan gula pasir secara beransur-ansur dan teruskan pukul sehingga membentuk puncak kaku.

d) Perlahan-lahan lipat campuran pecan dan vanila susu segera terlarut ke dalam putih telur. Bahagikan adunan di antara empat bulatan, ratakan.

e) Bakar selama kira-kira 30-35 minit atau sehingga meringue garing dan sedikit keperangan. Benarkan mereka sejuk sepenuhnya.

UNTUK KRIM KOPI VANILA:
f) Dalam mangkuk, pukul krim berat sehingga ia mula pekat.

g) Masukkan gula tepung dan vanila susu segera yang dilarutkan. Teruskan sebat sehingga stiff peak terbentuk.

PERHIMPUNAN:
h) Letakkan satu lapisan meringue di atas pinggan hidangan. Sapukan lapisan krim kopi vanila di atasnya. Ulangi dengan baki lapisan dan krim.

i) Sejukkan dacquoise selama sekurang-kurangnya sejam untuk ditetapkan sebelum dihidangkan.

68. Tiramisu Dacquoise dengan Isi Mascarpone

BAHAN-BAHAN:
UNTUK LAPISAN DACQUOISE:
- 1 cawan (100g) badam kisar
- 1 cawan (120g) gula tepung
- 4 putih telur besar
- ¼ cawan (50g) gula pasir
- ½ sudu teh krim tartar
- ½ sudu teh ekstrak vanila

UNTUK PENGISIAN MASCARPONE:
- 8 auns (227g) keju mascarpone, dilembutkan
- ½ cawan (120ml) krim pekat
- ½ cawan (60g) gula tepung
- 2 sudu besar minuman keras kopi (cth, Kahlúa)
- 1 sudu teh serbuk espresso segera
- 1 sudu teh serbuk koko (untuk habuk)

UNTUK SIRAP RENDAH KOPI:
- ½ cawan (120ml) espreso yang dibancuh, disejukkan
- ¼ cawan (60ml) minuman keras kopi
- 2 sudu besar gula pasir

ARAHAN:
SEDIAKAN LAPISAN DACQUOISE:

a) Panaskan ketuhar anda hingga 300°F (150°C) dan lapik dua helaian pembakar dengan kertas parchment.

b) Dalam mangkuk, satukan badam kisar dan gula tepung. Mengetepikan.

c) Dalam mangkuk adunan yang bersih dan kering, pukul putih telur sehingga berbuih.

d) Masukkan krim tartar dan teruskan pukul sehingga soft peak terbentuk.

e) Masukkan gula pasir secara beransur-ansur sambil terus dipukul sehingga stiff peak terbentuk.

f) Masukkan ekstrak vanila dan adunan badam-gula secara perlahan-lahan.

g) Bahagikan adunan kepada dua bahagian yang sama dan ratakan setiap satu ke atas loyang yang disediakan untuk membentuk dua bulatan (kira-kira 8 inci diameter setiap satu).

h) Bakar dalam ketuhar yang telah dipanaskan selama kira-kira 25-30 minit atau sehingga lapisan dacquoise sedikit keemasan dan garing.
i) Benarkan ia sejuk sepenuhnya pada rak dawai.

SEDIAKAN SIRAP RENDAH KOPI:
j) Dalam mangkuk kecil, gabungkan espresso yang dibancuh, minuman keras kopi dan gula pasir. Kacau sehingga gula larut sepenuhnya. Ketepikan untuk sejuk.

SEDIAKAN PENGISIAN MASCARPONE:
k) Dalam mangkuk adunan, pukul keju mascarpone yang telah dilembutkan sehingga rata.
l) Dalam mangkuk yang berasingan, pukul krim kental sehingga puncak kaku terbentuk.
m) Perlahan-lahan lipat krim putar ke dalam keju mascarpone.
n) Campurkan serbuk espresso segera dan minuman keras kopi sehingga sebati.

HIMPUNKAN TIRAMISU DACQUOISE:
o) Letakkan satu lapisan dacquoise pada pinggan hidangan.
p) Sapu sirap rendaman kopi ke atas lapisan dacquoise.
q) Ratakan separuh daripada inti mascarpone ke atas dacquoise yang telah direndam.
r) Letakkan lapisan dacquoise kedua di atas dan ulangi proses rendaman dan pengisian.
s) Taburkan bahagian atas dengan serbuk koko untuk hiasan.
t) Sejukkan Tiramisu Dacquoise selama sekurang-kurangnya 4 jam (atau semalaman) untuk membenarkan rasa bercampur.

HIDANG:
u) Hiris dan hidangkan sejuk. Nikmati Tiramisu Dacquoise anda dengan Isi Mascarpone!

69.Earl Kelabu Dacquoise

BAHAN-BAHAN:
UNTUK LAPISAN DACQUOISE:
- 1 cawan (100g) badam kisar
- 1 cawan (120g) gula tepung
- 4 putih telur besar
- ¼ cawan (50g) gula pasir
- ½ sudu teh krim tartar
- 1 sudu teh daun teh Earl Kelabu (daripada 2 uncang teh)
- ½ sudu teh ekstrak vanila

UNTUK KRIM EARL KELABU MENTEGAKRIM:
- 1 cawan (2 batang atau 226g) mentega tanpa garam, dilembutkan
- 1 ½ cawan (180g) gula tepung
- 2 sudu besar daun teh Earl Kelabu (dari 4 uncang teh)
- 2 sudu besar air panas

UNTUK SIRAP RENDAM EARL KELABU:
- ½ cawan (120ml) air panas
- 2 uncang teh Earl Kelabu
- 2 sudu besar gula pasir

ARAHAN:
SEDIAKAN LAPISAN DACQUOISE:
a) Panaskan ketuhar anda hingga 300°F (150°C) dan lapik dua helaian pembakar dengan kertas parchment.
b) Dalam mangkuk, satukan badam kisar, gula tepung dan daun teh Earl Kelabu. Mengetepikan.
c) Dalam mangkuk adunan yang bersih dan kering, pukul putih telur sehingga berbuih.
d) Masukkan krim tartar dan teruskan pukul sehingga soft peak terbentuk.
e) Masukkan gula pasir secara beransur-ansur sambil terus dipukul sehingga stiff peak terbentuk.
f) Masukkan ekstrak vanila dan campuran teh-badam perlahan-lahan.
g) Bahagikan adunan kepada dua bahagian yang sama dan ratakan setiap satu ke atas loyang yang disediakan untuk membentuk dua bulatan (kira-kira 8 inci diameter setiap satu).
h) Bakar dalam ketuhar yang telah dipanaskan selama kira-kira 25-30 minit atau sehingga lapisan dacquoise sedikit keemasan dan garing.
i) Benarkan ia sejuk sepenuhnya pada rak dawai.

SEDIAKAN KRIM EARL KELABU MENTEGAKRIM:

j) Buka uncang teh Earl Kelabu (atau gunakan teh daun longgar) dan letakkan daun teh dalam mangkuk kecil.

k) Panaskan ½ cawan krim yang diselitkan Earl Kelabu dalam periuk kecil sehingga panas tetapi tidak mendidih.

l) Tuangkan krim panas ke atas daun teh dan biarkan ia curam selama kira-kira 15 minit.

m) Tapis krim yang diselit teh ke dalam bekas bersih dan biarkan ia sejuk sepenuhnya.

n) Dalam mangkuk adunan, pukul mentega lembut sehingga berkrim.

o) Masukkan gula tepung secara beransur-ansur dan ½ cawan krim yang diselitkan Earl Kelabu, pukul sehingga sebati dan sebati.

SEDIAKAN SIRAP EARL KELABU:

p) Dalam periuk kecil, satukan air dan gula pasir.

q) Panaskan dengan api sederhana, kacau sehingga gula larut.

r) Masukkan 2 uncang teh Earl Kelabu (atau teh daun longgar) dan reneh selama kira-kira 5 minit.

s) Keluarkan uncang teh atau tapis daun teh yang longgar.

t) Biarkan sirap sejuk ke suhu bilik.

HIMPUNKAN DACQUOISE EARL KELABU:

u) Letakkan satu lapisan dacquoise pada pinggan hidangan.

v) Sapu sirap Earl Kelabu ke atas lapisan dacquoise.

w) Sapukan lapisan krim mentega Earl Kelabu di atas.

x) Letakkan lapisan dacquoise kedua di atas dan ulangi lapisan sirap dan krim mentega.

y) Hiaskan bahagian atas dengan pistachio cincang atau badam cincang, jika dikehendaki.

z) Hiris dan sajikan Earl Kelabu Dacquoise anda dan nikmati rasa yang lembut dan wangi!

DACQUOISE BUNGA

70.Coklat Lavender Dacquoise

BAHAN-BAHAN:
UNTUK LAPISAN DACQUOISE:
- 4 putih telur besar
- 1 cawan gula pasir
- 1 cawan badam kisar
- 2 sudu besar serbuk koko tanpa gula
- 1 sudu teh bunga lavender kering

UNTUK PENGISIAN COKLAT GANACHE:
- 6 auns (170g) coklat separa manis, dicincang halus
- ½ cawan krim berat
- 1 sudu teh bunga lavender kering

ARAHAN:
UNTUK LAPISAN DACQUOISE:
a) Panaskan ketuhar anda hingga 300°F (150°C) dan lapik dua helaian pembakar dengan kertas parchment.

b) Dalam mangkuk adunan, pukul putih telur sehingga membentuk puncak kaku. Masukkan gula pasir secara beransur-ansur dan teruskan pukul sehingga meringue berkilat.

c) Masukkan badam yang dikisar perlahan-lahan, serbuk koko tanpa gula, dan bunga lavender kering sehingga sebati.

d) Paip atau sapukan campuran meringue ke atas lembaran pembakar yang disediakan untuk menghasilkan empat bulatan bersaiz sama.

e) Bakar selama kira-kira 30 minit atau sehingga lapisan dacquoise garing dan ditetapkan. Mereka mungkin mempunyai sedikit kerisik di atas. Benarkan mereka sejuk sepenuhnya.

UNTUK PENGISIAN COKLAT GANACHE:
f) Dalam mangkuk selamat gelombang mikro, panaskan krim berat sehingga ia panas tetapi tidak mendidih, atau panaskan di atas dapur dalam periuk.

g) Letakkan coklat yang dicincang halus dalam mangkuk kalis haba yang berasingan.

h) Tuangkan krim panas ke atas coklat dan biarkan selama satu minit untuk mencairkan coklat.

i) Kacau adunan sehingga menjadi licin dan berkilat. Jika perlu, anda boleh memasukkannya ke dalam ketuhar gelombang mikro atau meletakkannya di atas dandang berganda untuk memastikan coklat cair sepenuhnya.

j) Masukkan bunga lavender kering dan biarkan ganache sejuk sedikit.

HIMPUNKAN COKLAT LAVENDER DACQUOISE:

k) Letakkan satu lapisan dacquoise pada pinggan hidangan atau tempat kek.

l) Sapukan sejumlah besar ganache coklat yang diselitkan lavender ke atas lapisan pertama.

m) Berhati-hati meletakkan lapisan dacquoise kedua di atas dan ulangi proses sehingga semua lapisan disusun, selesai dengan ganache di atas.

n) Anda boleh menghiasi bahagian atas dengan bunga lavender kering tambahan atau taburan serbuk koko jika dikehendaki.

o) Sejukkan dacquoise yang telah dipasang di dalam peti sejuk selama sekurang-kurangnya sejam untuk membolehkan perisanya bercampur dan ganache menjadi set.

p) Hiris dan sajikan Chocolate Lavender Dacquoise anda sebagai pencuci mulut yang lazat dan elegan.

71.Strawberi dan Rose Mini Dacquoises

BAHAN-BAHAN:
UNTUK LAPISAN MINI DACQUOISE:
- 2 putih telur besar
- ½ cawan gula pasir
- ½ cawan badam kisar
- 1 sudu teh kelopak mawar kering

UNTUK PENGISIAN MAWAR STRAWBERI:
- 1 cawan strawberi segar, dikupas dan dipotong dadu
- 2 sudu besar gula pasir
- 1 sudu teh air mawar

UNTUK HIASAN (PILIHAN):
- Strawberi segar, dihiris nipis
- Kelopak bunga ros kering tambahan

ARAHAN:
UNTUK LAPISAN MINI DACQUOISE:
a) Panaskan ketuhar anda hingga 300°F (150°C) dan alaskan loyang dengan kertas parchment.
b) Dalam mangkuk adunan, pukul putih telur sehingga membentuk puncak kaku. Masukkan gula pasir secara beransur-ansur dan teruskan pukul sehingga meringue berkilat.
c) Perlahan-lahan lipat badam yang dikisar dan kelopak bunga ros kering sehingga sebati.
d) Pindahkan adunan meringue ke dalam piping bag yang dipasang dengan hujung bulat kecil.
e) Paipkan bulatan kecil (kira-kira 2 inci diameter) ke atas loyang yang disediakan. Anda sepatutnya mempunyai adunan yang mencukupi untuk 8-10 pusingan dacquoise mini.
f) Bakar selama kira-kira 20-25 minit atau sehingga bulat mini dacquoise garing dan sedikit keemasan. Benarkan mereka sejuk sepenuhnya.

UNTUK PENGISIAN MAWAR STRAWBERI:
g) Dalam mangkuk, satukan strawberi segar yang dipotong dadu dan gula pasir. Biarkan mereka duduk selama kira-kira 10 minit untuk mengeluarkan jus mereka dan manis.
h) Selepas 10 minit, masukkan air mawar dan gaul rata. Isi strawberi sepatutnya mempunyai rasa mawar yang halus.

BERHIMPUN:

i) Ambil satu pusingan dacquoise mini dan sapukan sedikit inti ros strawberi di bahagian rata.

j) Letakkan satu lagi pusingan dacquoise mini dengan saiz yang sama di atas inti, buat sandwic dacquoise mini.

k) Ulangi proses ini dengan baki bulatan dacquoise mini dan pengisian.

l) Jika mahu, hiaskan bahagian atas setiap dacquoise mini dengan hirisan nipis strawberi segar dan taburan kelopak mawar kering untuk sentuhan hiasan.

m) Sejukkan Strawberi dan Rose Mini Dacquoises yang telah dipasang di dalam peti sejuk selama kira-kira 30 minit sebelum dihidangkan untuk membolehkan perisanya bercampur dan mini dacquoises menjadi set.

n) Hidangkan dacquoise mini yang menarik ini sebagai pencuci mulut yang cantik dan elegan untuk sebarang majlis.

o) Nikmati gabungan strawberi manis dan rasa mawar yang halus dalam dacquoise mini ini!

72. Hazelnut-Lavender Dacquoises dengan Raspberi

BAHAN-BAHAN:
UNTUK LAPISAN DACQUOISE:
- 4 putih telur besar
- 1 cawan gula pasir
- 1 cawan hazelnut yang dikisar
- 1 sudu teh bunga lavender kering

UNTUK PENGISIAN RASPBERI:
- 1 ½ cawan raspberi segar
- ¼ cawan gula pasir
- 1 sudu besar jus limau
- ½ sudu teh bunga lavender kering

ARAHAN:
UNTUK LAPISAN DACQUOISE:
a) Panaskan ketuhar anda hingga 300°F (150°C) dan lapik dua helaian pembakar dengan kertas parchment.
b) Dalam mangkuk adunan, pukul putih telur sehingga membentuk puncak kaku. Masukkan gula pasir secara beransur-ansur dan teruskan pukul sehingga meringue berkilat.
c) Lipat perlahan-lahan ke dalam hazelnut yang dikisar dan bunga lavender kering sehingga sebati.
d) Paip atau sapukan campuran meringue ke atas lembaran pembakar yang disediakan untuk menghasilkan empat bulatan bersaiz sama.
e) Bakar selama kira-kira 30 minit atau sehingga lapisan dacquoise garing dan sedikit keemasan. Benarkan mereka sejuk sepenuhnya.

UNTUK PENGISIAN RASPBERI:
f) Dalam periuk, satukan raspberi segar dan gula pasir. Masak dengan api perlahan, kacau dan tumbuk raspberi dengan garpu, sehingga pecah menjadi kolak. Ini perlu mengambil masa kira-kira 5-7 minit.
g) Keluarkan periuk dari api dan kacau dalam jus limau dan bunga lavender kering. Biarkan inti raspberi sejuk.
h) Pasang Dacquoises Hazelnut-Lavender dengan Raspberi:
i) Letakkan satu lapisan dacquoise pada pinggan hidangan atau tempat kek.
j) Sapukan sejumlah besar kolak lavender raspberi ke atas lapisan pertama.
k) Berhati-hati meletakkan lapisan dacquoise kedua di atas dan ulangi proses sehingga semua lapisan disusun, selesai dengan kolak raspberi di atas.
l) Anda boleh menghiasi bahagian atas dengan raspberi segar tambahan dan taburan bunga lavender kering untuk sentuhan hiasan.
m) Sejukkan Hazelnut-Lavender Dacquoises dengan Raspberi yang telah dipasang di dalam peti sejuk selama kira-kira 30 minit sebelum dihidangkan untuk membolehkan perisa melebur dan isi menjadi set.
n) Hiris dan hidangkan pencuci mulut yang elegan dan berperisa ini.
o) Nikmati gabungan hazelnut, lavender dan raspberi manis dalam dacquoise ini!

73. Kulit kertas Dacquoise

BAHAN-BAHAN:
UNTUK LAPISAN DACQUOISE:
- 4 putih telur besar
- 1 cawan gula pasir
- 1 cawan badam kisar
- ¼ cawan gula aising
- 1 sudu besar tepung jagung

UNTUK KARAMEL EUCALYPT:
- 1 cawan gula pasir
- ¼ cawan air
- ¼ cawan daun eucalyptus (dibersihkan dan dikeringkan)
- ½ cawan krim berat

UNTUK COKLAT GANACHE ASAP:
- 1 cawan krim berat
- 8 auns coklat gelap, dicincang
- Secubit garam laut salai

UNTUK PERHIMPUNAN:
- Kacang macadamia, dicincang kasar
- Madu kunzea putih
- Campuran rempah (biji wattle dikisar , biji saltbush)
- Potongan sarang lebah

ARAHAN:
BUAT LAPISAN DACQUOISE:
a) Panaskan ketuhar anda hingga 300°F (150°C).

b) Dalam mangkuk yang bersih dan kering, pukul putih telur sehingga membentuk puncak kaku.

c) Masukkan gula pasir secara beransur-ansur sambil terus dipukul sehingga berkilat.

d) Masukkan badam, gula aising, dan tepung jagung secara perlahan-lahan.

e) Lapik loyang dengan kertas parchment. Ratakan adunan dacquoise kepada dua segi empat sama bersaiz.

f) Bakar selama kira-kira 30-35 minit, atau sehingga ia sedikit keemasan. Biarkan mereka sejuk sepenuhnya.

SEDIAKAN KARAMEL EUCALYPT:
g) Dalam periuk, satukan gula pasir dan air. Panaskan di atas api sederhana tinggi sehingga ia bertukar menjadi warna karamel kuning tua.

h) Berhati-hati menambah daun kayu putih ke dalam karamel (berhati-hati; ia mungkin terpercik).

i) Keluarkan dari haba dan perlahan-lahan masukkan krim berat sambil kacau berterusan. Setelah adunan sebati, tapis daun kayu putih.

BUAT COKLAT GANACHE ASAP:
j) Panaskan krim kental dalam periuk sehingga ia hampir mendidih.

k) Tuangkan krim panas ke atas coklat gelap yang dicincang. Biarkan seketika, kemudian kacau hingga rata.

l) Masukkan secubit garam laut salai dan gaul rata.

HIMPUNKAN DACQUOISE:
m) Letakkan satu lapisan dacquoise pada pinggan hidangan.

n) Sapukan lapisan karamel kayu putih di atasnya.

o) Tambah lapisan murah ganache coklat salai.

p) Taburkan dengan kacang macadamia yang dicincang.

q) Letakkan lapisan dacquoise kedua di atas.

r) Ulangi lapisan karamel, ganache dan macadamia.

s) Hiaskan bahagian atas dengan bulatan campuran rempah, biji saltbush, biji wattle yang dikisar , kepingan sarang lebah dan sedikit madu kunzea putih .

t) Potong Kulit kertas Dacquoise menjadi beberapa bahagian dan hidangkan dengan segera.

SARAPAN BERILHAM DACQUOISE

74. Wafel Dacquoise

BAHAN-BAHAN:
- 1 ½ cawan tepung serba guna
- 2 sudu teh serbuk penaik
- ½ sudu teh garam
- 2 sudu besar gula pasir
- 1 ¼ cawan susu
- 2 biji telur
- ½ sudu teh ekstrak vanila
- 2 kerang Dacquoise mini, hancur
- Krim putar, untuk dihidangkan
- Beri campuran, untuk dihidangkan

ARAHAN

a) Dalam mangkuk besar, pukul bersama tepung, serbuk penaik, garam, dan gula.

b) Dalam mangkuk lain, pukul bersama susu, telur, dan ekstrak vanila.

c) Masukkan bahan basah ke dalam bahan kering dan kacau sehingga sebati.

d) Lipat dalam cengkerang Dacquoise mini yang telah hancur.

e) Panaskan seterika wafel anda dan sembur dengan semburan masak tidak melekat.

f) Tuangkan adunan ke dalam seterika wafel dan masak mengikut arahan pengeluar.

g) Hidangkan wafel dengan krim putar dan beri campuran.

75. Mangkuk Quinoa Dacquoise

BAHAN-BAHAN:
- 1 cawan quinoa masak
- ½ cawan yogurt Yunani biasa
- 1 sudu besar madu
- 1 kulit Dacquoise mini, hancur
- ¼ cawan beri campuran
- ¼ cawan hirisan badam

ARAHAN

a) Dalam mangkuk, campurkan bersama quinoa yang dimasak, yogurt Yunani, dan madu.

b) Teratas campuran quinoa dengan cangkerang Dacquoise mini yang hancur.

c) Masukkan beri campuran dan hirisan badam di atas.

d) Hidangkan segera.

76. Roti Bakar Perancis Dacquoise

BAHAN-BAHAN:
- 4 keping roti
- 3 biji telur
- ½ cawan susu
- ½ sudu teh ekstrak vanila
- ¼ sudu teh kayu manis
- 2 kerang Dacquoise mini, hancur
- Mentega, untuk memasak
- Krim putar, untuk dihidangkan
- Beri campuran, untuk dihidangkan

ARAHAN

a) Dalam hidangan cetek, pukul bersama telur, susu, ekstrak vanila, dan kayu manis.

b) Celupkan setiap keping roti dalam adunan telur, pastikan salut kedua-dua belah.

c) Panaskan kuali di atas api sederhana dan cairkan sedikit mentega.

d) Masukkan kepingan roti ke dalam kuali dan masak sehingga perang keemasan di kedua-dua belah.

e) Hidangkan roti bakar Perancis dengan krim putar, buah beri campuran dan cengkerang Dacquoise mini yang hancur.

77. Mangkuk Smoothie Dacquoise Beri

BAHAN-BAHAN:
- 1 cawan beri campuran beku
- ½ cawan yogurt Yunani biasa
- ½ cawan susu badam
- 1 kulit Dacquoise mini, hancur
- Beri campuran, untuk dihidangkan

ARAHAN

a) Dalam pengisar, campurkan bersama beri campuran beku, yogurt Yunani, dan susu badam sehingga licin

b) Tuangkan smoothie ke dalam mangkuk dan atasnya dengan cangkerang Dacquoise mini yang hancur dan beri campuran.

78. Sandwic Sarapan Dacquoise

BAHAN-BAHAN:
- 2 muffin Inggeris, belah dan bakar
- 2 keping ham
- 2 biji telur, masak mengikut citarasa anda
- 2 keping keju
- 1 kulit Dacquoise mini, hancur

ARAHAN

a) Pasang sandwic dengan meletakkan satu keping ham pada setiap separuh muffin Inggeris.

b) Masukkan telur masak di atas ham.

c) Teratas setiap telur dengan sekeping keju.

d) Taburkan kulit Dacquoise mini yang telah hancur di atas keju.

e) Letakkan sandwic dalam ketuhar pembakar roti atau di bawah ayam daging sehingga keju cair dan berbuih.

f) Hidangkan panas.

79.Mangkuk Dacquoise Oatmeal

BAHAN-BAHAN:
- 1 cawan oat gulung
- 1 ½ cawan air
- ½ cawan susu badam
- ½ sudu teh ekstrak vanila
- 1 kulit Dacquoise mini, hancur
- Beri campuran, mangga, dan kelapa parut untuk dihidangkan

ARAHAN

a) Dalam periuk, masak oat gulung, air, susu badam, dan ekstrak vanila sehingga mendidih.

b) Kecilkan api dan reneh selama 5-7 minit, kacau sekali-sekala, sehingga oat masak dan adunan telah pekat.

c) Tuangkan oatmeal ke dalam mangkuk dan taburkan kulit Dacquoise mini yang hancur di atasnya.

d) Masukkan buah, dan kelapa parut di atas oatmeal.

e) Hidangkan segera.

SNEK BERINSPIRASI DACQUOISE

80.Kuki Sandwich Dacquoise Rose Raspberi

BAHAN-BAHAN:
UNTUK LAPISAN DACQUOISE:
- 4 putih telur besar
- 1 cawan gula pasir
- 1 cawan badam kisar
- 2 sudu besar kelopak bunga ros kering

UNTUK PENGISIAN RASPBERI:
- 1 cawan raspberi segar
- ¼ cawan gula pasir
- 1 sudu teh air mawar

ARAHAN:
UNTUK LAPISAN DACQUOISE:
a) Panaskan ketuhar anda hingga 300°F (150°C) dan lapik dua helaian pembakar dengan kertas parchment.
b) Dalam mangkuk adunan, pukul putih telur sehingga membentuk puncak kaku. Masukkan gula pasir secara beransur-ansur dan teruskan pukul sehingga meringue berkilat.
c) Perlahan-lahan lipat badam yang dikisar dan kelopak bunga ros kering sehingga sebati.
d) Paip atau sapukan campuran meringue ke atas lembaran pembakar yang disediakan untuk membuat bulatan kecil, kira-kira 2 inci diameter. Anda perlu membuat bilangan pusingan genap kerana ini akan menjadi bahagian atas dan bawah kuki sandwic anda.
e) Bakar selama kira-kira 20-25 minit atau sehingga bulat dacquoise garing dan sedikit keemasan. Benarkan mereka sejuk sepenuhnya.

UNTUK PENGISIAN RASPBERI:
f) Dalam periuk, satukan raspberi segar dan gula pasir. Masak dengan api perlahan, kacau dan tumbuk raspberi dengan garpu, sehingga pecah menjadi kolak. Ini perlu mengambil masa kira-kira 5-7 minit.
g) Keluarkan periuk dari api dan kacau dengan air mawar. Biarkan inti raspberi sejuk.

HIMPUNKAN BIJI SANDWICH DACQUOISE RASPBERI ROSE DACQUOISE:
h) Ambil satu pusingan dacquoise dan taburkan sedikit inti raspberi pada bahagian rata.
i) Letakkan satu lagi pusingan dacquoise dengan saiz yang sama di atas inti, buat sandwic.
j) Ulangi proses ini dengan baki bulatan dacquoise dan pengisian.
k) Secara pilihan, anda boleh taburkan bahagian atas kuki sandwic dengan gula tepung atau hiaskan dengan kelopak mawar kering tambahan untuk sentuhan hiasan.
l) Sejukkan Kuki Sandwich Raspberi Rose Dacquoise yang telah dipasang di dalam peti sejuk selama kira-kira 30 minit sebelum dihidangkan untuk membolehkan perisa menjadi sebati dan kuki mengeras.
m) Hidangkan dan nikmati biskut sandwic yang lembut dan berperisa ini dengan isi raspberi dan bunga ros yang lazat!
n) Kuki ini membuat hidangan yang indah dan elegan untuk majlis-majlis khas atau minum petang.

81. Biskut Sandwic Praline Dacquoise Coklat

BAHAN-BAHAN:
UNTUK DACQUOISE:
- 2 cawan badam kisar
- 1 ¼ cawan gula aising
- ½ cawan koko
- 3 sudu besar gula vanila
- 8 putih telur
- 2 sudu besar serbuk putih telur (albumen telur)
- ½ cawan gula pasir

UNTUK COKLAT PERANCIS MENTEGAKRIM:
- ½ cawan gula pasir
- 2 sudu besar air
- 2 biji kuning telur
- ¾ cawan 70% coklat gelap
- 1 cawan mentega, suhu bilik
- ½ cawan krim masam
- 1 sudu teh vanila
- 1 sudu teh ekstrak coklat

UNTUK PRALINE:
- ⅔ cawan gula pasir
- 3 sudu besar air
- ¼ biji vanila, dikikis
- 1 ⅔ cawan hazelnut panggang
- 3 g mentega koko

HIASAN:
- 2 ¾ cawan kalet coklat gelap

ARAHAN:
UNTUK DACQUOISE:
a) Panaskan ketuhar hingga 350°F (175°C). Menggunakan kadbod, buat templat bujur untuk dikesan, kira-kira 2 inci panjang dengan 1 ½ inci lebar. Surih 48 bujur pada 3 keping kertas parchment yang dipotong ke lembaran pembakar berbingkai.

b) Balikkan parchment, alaskan loyang dengan parchment, dan ketepikan.

c) Ayak bersama tepung badam, gula aising, dan koko dalam mangkuk besar. Pukul gula vanila.

d) Pukul bersama putih telur dan serbuk putih telur dengan hand mixer hingga berbuih. Masukkan gula pasir secara beransur-ansur. Pukul sehingga adunan pekat dan berkilat. Masukkan adunan badam perlahan-lahan. Pindahkan ke beg paip yang dilengkapi dengan hujung bulat besar.

e) Paipkan pada dulang berlapik templat yang disediakan. Bakar selama 18 hingga 20 minit, putarkan kuali separuh masa memasak. Sejukkan sepenuhnya.

UNTUK COKLAT PERANCIS MENTEGAKRIM:
f) Masukkan gula dan air ke dalam periuk kecil. Didihkan dengan api sederhana tinggi. Kecilkan api kepada sederhana dan rebus sehingga termometer gula-gula membaca 240 hingga 245°F (116 hingga 118°C), gosok bahagian tepi kuali dengan berus pastri yang lembap jika gula muncul di sisi kuali untuk mengelakkan penghabluran.

g) Sementara itu, pukul kuning telur dalam mangkuk besar tahan panas. Semasa dipukul kuat, tuangkan sirap gula panas.

h) Pukul dengan pengadun tangan pada kelajuan tinggi sehingga suhu bilik, kira-kira 3 minit. Masukkan mentega dalam 3 penambahan, gaul rata selepas setiap penambahan.

i) Cairkan coklat dalam mangkuk kalis haba yang ditetapkan di atas periuk kecil berisi air reneh perlahan-lahan. Keluarkan dari api dan kacau dalam krim masam, vanila, dan ekstrak coklat. Masukkan mentegakrim dan kacau sebati. Pindahkan ke piping bag yang dipasang dengan hujung bulat sederhana.

UNTUK PRALINE:
j) Masukkan gula, air, dan biji vanila ke dalam periuk kecil.

k) Didihkan dengan api sederhana tinggi. Kecilkan api kepada sederhana dan rebus sehingga termometer gula-gula membaca 345°F

(174°C), gosok bahagian tepi kuali dengan berus pastri yang lembap jika gula muncul di sisi kuali untuk mengelakkan penghabluran.

l) Lapik lembaran pembakar berbingkai dengan kertas parchment.

m) Untuk gula panas, segera kacau dalam hazelnut dan mentega koko dan tuangkan campuran ke atas loyang yang disediakan dalam lapisan nipis untuk menyejukkan. Setelah sejuk, keluarkan dari parchment dan pecahkan.

n) Masukkan ke dalam mangkuk pemproses makanan dan nadi sehingga kacang dicincang halus. Pindahkan ke loyang berbingkai.

PERHIMPUNAN:

o) Selaraskan biskut secara berpasangan. Terbalikkan separuh dan paipkan krim mentega pada setiap satunya dalam jarak ¼ inci dari tepi. Teratas dengan kuki kedua dan tekan bersama sedikit untuk membentuk sandwic. Sejukkan dalam peti ais sambil membancuh coklat.

UNTUK MEMUASKAN COKLAT:

p) Panaskan ¾ coklat dalam bain-marie hingga 50°C (122°F) darjah, kacau selalu. Angkat dari api dan masukkan coklat rizab.

q) Teruskan kacau sehingga suhu mencapai 27°C (80.6°F) darjah. Kembali sebentar ke bain-marie dan panaskan perlahan-lahan hingga 31 hingga 32°C (87.8 hingga 89.6°F) darjah.

r) Celupkan ⅔ setiap biskut sandwic ke dalam coklat terbaja. Celupkan bahagian yang ditutup coklat ke dalam praline dan letakkan di atas pinggan hidangan untuk ditetapkan.

82. Biskut Dacquoise Oren

BAHAN-BAHAN:
- 90g (1 cawan) badam kisar
- 90g (¾ cawan) gula aising ditambah tambahan untuk habuk
- Zest diparut daripada 1 oren
- 1 sudu kecil tepung jagung
- 3 putih telur (90g)
- Sedikit garam
- ½ sudu teh krim tartar

ARAHAN:
a) Alas dulang pembakar besar dengan kertas parchment.

b) Letakkan badam yang dikisar dalam pengisar atau pemproses makanan, tambah 70g gula aising, kulit oren, dan tepung jagung, dan pukul sehingga halus dan sebati.

c) Pukul putih telur dengan pengadun pegang tangan atau dalam pengadun berdiri dengan pukul belon sehingga berbuih. Masukkan garam dan krim tartar dan teruskan pukul sehingga soft peak terbentuk. Teruskan pukul dan tambah baki 20g gula aising secara beransur-ansur ke dalam putih; teruskan sehingga meringue membentuk puncak kaku.

d) Ayak badam, gula dan serbuk oren di atas meringue. Lipatnya dengan sangat lembut dengan spatula, cuba untuk tidak mengempiskan adunan.

e) Pindahkan campuran ke dalam beg penyejuk beku yang besar, potong sudut bawah, dan putar bahagian atas. Paip timbunan kecil kira-kira 4-5cm diameter pada dulang yang disediakan, jarakkan dengan baik.

f) Taburkan biskut dengan gula aising dan biarkan ia berdiri selama kira-kira 10 minit sementara ketuhar dipanaskan sehingga 180°C/350°F/gas 4. Pindahkan dulang ke dalam ketuhar dan bakar selama 15 minit; matikan ketuhar dan biarkan biskut dalam 7-10 minit lagi, sehingga ia keemasan dan garing di sekeliling tepi.

g) Keluarkan dari ketuhar dan sejukkan sepenuhnya di atas dulang. Simpan dalam kotak kedap udara selama kira-kira seminggu.

83. Sandwich Coklat Marquise Dacquoise

BAHAN-BAHAN:
UNTUK COKLAT DACQUOISE:
- Serbuk koko Belanda (untuk habuk)
- Krim putar (pilihan, untuk hidangan)
- Raspberi (untuk hidangan)

UNTUK COKLAT DACQUOISE:
- 80g kacang hazel berkulit
- 65g gula aising tulen, ditambah tambahan untuk habuk
- 100g putih telur (anggaran 3 biji telur)
- 25g gula halus
- 25g serbuk koko Belanda

UNTUK COKLAT MARQUISE:
- 170g coklat gelap (55%), dipecah menjadi kepingan
- 120g mentega tanpa garam
- 2 biji telur, dipisahkan
- 2 biji kuning telur
- 110g gula aising
- 3 sudu besar serbuk koko Belanda
- 1 sudu teh gula kastor
- 75ml krim tuang

ARAHAN:
UNTUK COKLAT DACQUOISE:
a) Panaskan ketuhar hingga 180°C dan alas dulang besar dengan kertas pembakar. Lukis tiga garis besar di atas kertas menggunakan tin yang anda rancang untuk digunakan sebagai panduan. Balikkan kertas supaya garisan pensel berada di bahagian bawah tetapi masih kelihatan. Mengetepikan.

b) Bakar kacang hazel di atas dulang pembakar yang lain selama 15 minit sehingga perang keemasan. Biarkan mereka sejuk.

c) Kisar 70 gram kacang hazel bersama gula aising sehingga lumat. Potong kasar baki hazelnut untuk kegunaan kemudian.

d) Dalam pengadun berdiri dengan lampiran pukul, pukul putih telur dan secubit gula kastor sehingga membentuk puncak kaku. Masukkan baki gula secara beransur-ansur dalam pertiga, memastikan setiap batch digabungkan sepenuhnya sebelum menambah lagi. Teruskan mengadun selama lima minit tambahan untuk meringue yang lebih kuat.

e) Keluarkan mangkuk dari pengadun dan masukkan adunan koko dan hazelnut-gula perlahan-lahan sehingga sebati. Pindahkan campuran dacquoise ke beg paip yang dipasang dengan muncung biasa. Paipkan meringue di sekeliling bentuk yang digariskan pada dulang yang disediakan, kemudian isi bahagian dalam. Taburkan hazelnut cincang di atasnya dan taburkan dengan gula aising tambahan untuk menghasilkan kerak yang bagus.

f) Bakar dalam ketuhar selama 15 minit atau sehingga kekuningan. Dacquoise hendaklah rangup di luar dan lembab di dalam. Setelah selesai, sejukkan sepenuhnya dan perlahan-lahan keluarkan meringue dari kertas pembakar.

UNTUK COKLAT MARQUISE:

g) Cairkan coklat dan mentega dalam mangkuk kalis panas yang diletakkan di atas periuk air mendidih. Kacau hingga rata dan sebati.

h) Pukul empat kuning telur perlahan-lahan dan kacau ke dalam adunan coklat. Ayak gula aising dan serbuk koko bersama-sama dan masukkan ke dalam adunan.

i) Pukul putih telur hingga soft peak, kemudian masukkan gula kastor dan masukkan perlahan-lahan ke dalam adunan coklat. Pukul krim ke puncak lembut dan lipatkannya juga.

PERHIMPUNAN:

j) Lapik tin pilihan anda dengan kerajang dan filem plastik, tinggalkan sedikit terjuntai untuk mudah dikeluarkan. Potong lapisan meringue agar sesuai.

k) Mulakan dengan satu lapisan meringue di bahagian bawah, tuangkan separuh daripada campuran marquise, tambah lapisan meringue kedua, dan kemudian tuangkan campuran marquise yang tinggal, jimat sedikit.

l) Teratas dengan lapisan meringue terakhir, tutup dan sejukkan semalaman. Sejukkan campuran marquise tambahan secara berasingan.

m) Apabila sedia untuk dihidangkan, terbalikkan sandwic coklat ke atas pinggan hidangan, kemas tepi dengan pisau panas, dan sapukan baki adunan marquise ke atas.

n) Taburkan serbuk koko dan tambah krim putar hiasan.

o) Hidangkan dengan raspberi.

84. Lidi Buah Dacquoise

BAHAN-BAHAN:
- 1 kulit Dacquoise mini, hancur
- 1 cawan buah campuran (seperti strawberi, kiwi, dan nanas)
- 4 lidi kayu

ARAHAN
a) Ulirkan buah-buahan campuran pada lidi kayu.
b) Taburkan kulit Dacquoise mini yang telah hancur di atas lidi buah.
c) Hidangkan segera.

85. Celup Kek Keju Dacquoise

BAHAN-BAHAN:
- 8 auns krim keju, dilembutkan
- ½ cawan gula tepung
- ½ cawan krim berat
- 1 sudu teh ekstrak vanila
- 1 kulit Dacquoise mini, hancur
- Beri campuran, untuk dihidangkan

ARAHAN

a) Dalam mangkuk adunan, pukul keju krim dan gula tepung hingga rata.

b) Masukkan krim kental dan ekstrak vanila dan pukul sehingga membentuk puncak kaku.

c) Lipat dalam cangkerang Dacquoise mini yang telah hancur.

d) Hidangkan celup dalam mangkuk dengan beri campuran di sebelah untuk dicelup.

86.Bola Tenaga Dacquoise

BAHAN-BAHAN:
- ½ cawan badam
- ½ cawan gajus
- ¼ cawan kurma, diadu
- ¼ cawan cranberi kering
- ¼ cawan kelapa parut
- 1 kulit Dacquoise mini, hancur

ARAHAN

a) Dalam pemproses makanan, tumbuk badam dan gajus sehingga dicincang halus.

b) Masukkan kurma, cranberi kering, dan kelapa parut serta nadi sehingga adunan sebati.

c) Gulungkan adunan ke dalam bebola dan gulungkan setiap bola dalam cangkerang Dacquoise mini yang hancur.

d) Sejukkan sekurang-kurangnya 30 minit sebelum dihidangkan.

87.Bar Granola Dacquoise

BAHAN-BAHAN:
- 2 cawan oat gulung
- ½ cawan madu
- ¼ cawan minyak kelapa
- ¼ cawan cip coklat mini
- ¼ cawan kacang cincang (seperti badam atau pecan)
- 1 kulit Dacquoise mini, hancur

ARAHAN

a) Panaskan ketuhar hingga 350°F (175°C) dan alaskan loyang 9x9 inci dengan kertas parchment.

b) Dalam periuk, panaskan madu dan minyak kelapa dengan api perlahan sehingga cair dan sebati.

c) Dalam mangkuk adunan, satukan oat gulung, campuran madu cair, cip coklat mini dan kacang cincang.

d) Tekan adunan secara rata ke dalam loyang yang telah disediakan dan taburkan kulit Dacquoise mini yang telah hancur di atasnya.

e) Bakar selama 15-20 minit, atau sehingga bahagian tepi berwarna perang keemasan.

f) Biarkan sejuk sepenuhnya sebelum dipotong menjadi bar.

88.Nachos Epal Dacquoise

BAHAN-BAHAN:
- 2 biji epal, dihiris
- ¼ cawan mentega badam
- ¼ cawan cip coklat mini
- 1 kulit Dacquoise mini, hancur

ARAHAN
a) Susun hirisan epal di atas pinggan atau pinggan hidangan.
b) Tuangkan mentega badam ke atas kepingan epal.
c) Taburkan cip coklat mini dan kulit Dacquoise mini yang hancur di atasnya.
d) Hidangkan segera.

89. Campuran Jejak Dacquoise

BAHAN-BAHAN:
- 1 cawan kacang campuran (seperti badam, gajus dan kacang tanah)
- ½ cawan buah kering (seperti cranberi atau kismis)
- ¼ cawan cip coklat mini
- 1 kulit Dacquoise mini, hancur

ARAHAN

a) Dalam mangkuk adunan, satukan kacang campuran, buah kering dan cip coklat mini.

b) Masukkan cengkerang Dacquoise mini yang telah hancur dan gaul sehingga sebati.

c) Hidangkan campuran jejak dalam mangkuk atau bahagian dalam beg makanan ringan.

90. Dacquoise Nasi Krispie Treats

BAHAN-BAHAN:
- 6 cawan Nasi Krispie bijirin
- ¼ cawan mentega tanpa garam
- 1 beg (10 auns) marshmallow mini
- 1 kulit Dacquoise mini, hancur

ARAHAN

a) Griskan loyang 9x13 inci dengan semburan masak atau mentega.

b) Dalam periuk besar, cairkan mentega dengan api perlahan.

c) Masukkan mini marshmallow ke dalam periuk dan kacau sehingga cair dan sebati.

d) Masukkan bijirin Nasi Krispie ke dalam periuk dan kacau sehingga bersalut.

e) Tekan adunan secara rata ke dalam loyang yang telah disediakan dan taburkan kulit Dacquoise mini yang telah hancur di atasnya.

f) Biarkan sejuk sepenuhnya sebelum dipotong menjadi empat segi.

PENJERAHAN DACQUOISE-INSPIRED

91. Cawan dacquoise mini

BAHAN-BAHAN:
- 4 putih telur besar, pada suhu bilik
- 1 cawan gula pasir
- 1 sudu teh cuka putih
- 1 sudu teh tepung jagung
- 1 sudu teh ekstrak vanila
- Secubit garam
- Krim putar
- Buah segar untuk topping, seperti strawberi, raspberi atau kiwi

ARAHAN

a) Panaskan ketuhar anda hingga 300°F (150°C). Lapik loyang dengan kertas parchment.

b) Dalam mangkuk adunan yang bersih dan kering, pukul putih telur dan garam pada kelajuan sederhana sehingga soft peak terbentuk.

c) Masukkan gula secara beransur-ansur, satu sudu pada satu masa, sambil teruskan pukul putih telur pada kelajuan tinggi sehingga puncak kaku terbentuk dan adunan berkilat dan pekat.

d) Masukkan cuka, tepung jagung, dan ekstrak vanila dan masukkan perlahan-lahan ke dalam adunan meringue menggunakan spatula.

e) Sudukan adunan meringue ke dalam beg pastri besar yang dilengkapi dengan hujung bulat yang besar.

f) Paipkan adunan meringue ke dalam cawan kecil berbentuk bulat pada loyang yang disediakan.

g) Gunakan sudu untuk membuat perigi di tengah setiap cawan meringue, meninggalkan sempadan di sekeliling tepi.

h) Bakar cawan mini dacquoise dalam ketuhar yang telah dipanaskan selama 30-35 minit, atau sehingga bahagian luarnya garing dan kering apabila disentuh.

i) Matikan ketuhar dan biarkan cawan dacquoise mini di dalam dengan pintu ketuhar terbuka sedikit selama sejam lagi, atau sehingga ia benar-benar sejuk.

j) Setelah cawan mini dacquoise sejuk, keluarkan dengan teliti dari loyang.

k) Isikan setiap cawan mini dacquoise dengan krim putar dan atasnya dengan buah segar.

l) Hidangkan segera dan nikmati cawan mini dacquoise anda yang lazat!

92. Kek Dacquoise

BAHAN-BAHAN:
UNTUK LAPISAN MERINGUE:
- 6 putih telur besar, pada suhu bilik
- 1 dan ½ cawan gula pasir
- 2 sudu teh cuka putih
- 2 sudu teh tepung jagung
- 2 sudu teh ekstrak vanila
- Secubit garam

UNTUK PENGISIAN DAN TOPPING:
- 2 cawan krim berat, sejuk
- ¼ cawan gula tepung
- Buah segar, seperti strawberi, raspberi, atau kiwi

ARAHAN

a) Panaskan ketuhar anda hingga 300°F (150°C). Lapik tiga loyang kek bulat 9 inci dengan kertas parchment.

b) Dalam mangkuk adunan yang bersih dan kering, pukul putih telur dan garam pada kelajuan sederhana sehingga soft peak terbentuk.

c) Masukkan gula secara beransur-ansur, satu sudu pada satu masa, sambil teruskan pukul putih telur pada kelajuan tinggi sehingga puncak kaku terbentuk dan adunan berkilat dan pekat.

d) Masukkan cuka, tepung jagung, dan ekstrak vanila dan masukkan perlahan-lahan ke dalam adunan meringue menggunakan spatula.

e) Bahagikan campuran meringue sama rata di antara kuali kek yang disediakan, ratakan dan ratakan bahagian atasnya.

f) Bakar lapisan meringue dalam ketuhar yang telah dipanaskan selama 1 jam, atau sehingga bahagian luarnya garing dan kering apabila disentuh.

g) Matikan ketuhar dan biarkan lapisan meringue di dalam dengan pintu ketuhar terbuka sedikit selama sejam lagi, atau sehingga ia benar-benar sejuk.

h) Setelah lapisan meringue sejuk, keluarkan dengan berhati-hati dari kuali kek.

i) Dalam mangkuk adunan besar, pukul krim kental dan gula tepung pada kelajuan tinggi sehingga puncak kaku terbentuk.

j) Letakkan satu lapisan meringue pada bekas kek atau pinggan hidangan, dan sapukan lapisan krim putar di atasnya.

k) Tambah satu lagi lapisan meringue di atas krim putar, dan ulangi dengan lapisan krim putar yang lain.

l) Masukkan lapisan meringue terakhir di atas krim putar, dan sapukan baki krim putar di atas.

m) Hiaskan kek dacquoise dengan buah-buahan segar di atasnya.

n) Hidangkan segera dan nikmati kek dacquoise anda yang lazat!

93. Olok-olok Kiwi dacquoise

BAHAN-BAHAN:
- 4 putih telur; pada suhu bilik
- Pemanis; bersamaan dengan 1 sudu teh
- garam
- 2 sudu teh Tepung jagung
- 1 sudu teh Vanila
- 1 sudu teh Cuka
- 2 buah kiwi

ARAHAN

a) Dalam mangkuk, pukul putih telur sehingga berbuih. Masukkan pemanis dan garam, dan teruskan pukul. Pukul dalam tepung jagung, vanila dan cuka sehingga bentuk soft peak. Bekerja dengan cepat, dan berhati-hati untuk tidak keterlaluan.

b) Bilas sekeping kertas dapur (kalis minyak) dengan air.

c) Letakkan di atas loyang.

d) Letakkan campuran putih telur ke atas kertas dalam bulatan setinggi 1½ inci. Bakar pada suhu 250F selama 1 jam atau sehingga padat.

e) Keluarkan dari ketuhar dan sejukkan dalam kuali. Terbalikkan di atas pinggan dan kupas kertas.

f) Kupas dan potong kiwi secara bersilang ke dalam bulatan, biarkan bulat atau potong separuh.

g) Susun dalam reka bentuk yang menarik pada dacquoise. Potong empat bahagian . Hidangkan sejuk.

94. Dacquoise Parfait

BAHAN-BAHAN:
- 1 cawan yogurt Yunani
- ½ cawan beri campuran
- ¼ cawan granola
- 1 kulit Dacquoise mini, hancur

ARAHAN

a) Dalam gelas atau mangkuk parfait, sapukan yogurt Yunani, beri campuran dan granola.

b) Taburkan cengkerang Dacquoise mini yang telah hancur di atas parfait.

c) Ulangi lapisan sehingga gelas atau mangkuk diisi ke atas.

d) Hidangkan segera.

95. Ais Krim Strawberi Dacquoise

BAHAN-BAHAN:
- 4 biji putih telur
- 1 cawan gula kastor
- 1 sudu teh cuka putih
- 1 sudu teh tepung jagung
- 2 cawan krim berat
- 1 cawan susu
- 1 cawan strawberi cincang

ARAHAN

a) Panaskan ketuhar hingga 300°F (150°C). Lapik loyang dengan kertas parchment.

b) Pukul putih telur sehingga stiff peak terbentuk. Secara beransur-ansur tambah gula, satu sudu pada satu masa, pukul dengan baik selepas setiap penambahan.

c) Masukkan cuka dan tepung jagung dan pukul sehingga sebati.

d) Sendukkan adunan ke atas loyang yang disediakan untuk membentuk bulatan 8 inci (20 cm).

e) Bakar selama 1 jam atau sehingga dacquoise garing di luar dan lembut di dalam.

f) Biarkan sejuk sepenuhnya.

g) Dalam mangkuk yang berasingan, pukul krim sehingga puncak kaku terbentuk.

h) Lipat dalam strawberi cincang dan dacquoise yang hancur.

i) Pindahkan adunan ke dalam bekas dan beku sehingga pejal.

96. Chocolate Dacquoise Trifle

BAHAN-BAHAN:
- 4 biji putih telur
- 1 cawan gula kastor
- 1 sudu teh cuka putih
- 1 sudu teh tepung jagung
- 2 cawan krim putar
- 1 cawan cip coklat
- ½ cawan jem raspberi
- ¼ cawan hirisan badam

ARAHAN

a) Panaskan ketuhar hingga 300°F (150°C). Lapik loyang dengan kertas parchment.

b) Pukul putih telur sehingga stiff peak terbentuk. Secara beransur-ansur tambah gula, satu sudu pada satu masa, pukul dengan baik selepas setiap penambahan.

c) Masukkan cuka dan tepung jagung dan pukul sehingga sebati.

d) Sendukkan adunan ke atas loyang yang disediakan untuk membentuk bulatan 8 inci (20 cm).

e) Bakar selama 1 jam atau sehingga dacquoise garing di luar dan lembut di dalam.

f) Biarkan sejuk sepenuhnya.

g) Pecahkan dacquoise kepada kepingan kecil.

h) Dalam hidangan kecil, lapisan krim putar, kepingan dacquoise, cip coklat, jem raspberi dan hirisan badam.

i) Ulang sehingga semua bahan habis.

j) Sejukkan sekurang-kurangnya 2 jam sebelum dihidangkan.

97. Sandwic Aiskrim Dacquoise

BAHAN-BAHAN:
- 1 kumpulan meringue dacquoise
- 2 cawan aiskrim vanila

ARAHAN

a) Menggunakan pemotong biskut atau kaca, potong meringues dacquoise menjadi bulatan.
b) Cedok ais krim vanila pada satu bulatan meringue.
c) Letakkan satu lagi bulatan meringue di atas ais krim, buat sandwic.
d) Bekukan sekurang-kurangnya 1 jam sebelum dihidangkan.

98. Tiramisu Dacquoise

BAHAN-BAHAN:
- 1kg mascarpone
- 1 cawan (120g) gula aising
- 900ml krim pekat
- 2 x 500g dacquoise yang dibeli di kedai
- 1 cawan (250ml) espreso pekat
- 1 sudu besar koko, ditambah tambahan kepada habuk
- 1 cawan (250ml) marsala
- 300g biskut savoiardi
- 3 sudu teh kopi segera
- Keriting coklat gelap, untuk dihidangkan

SIRAP MARSALA
- 1 cawan (250ml) marsala
- ½ cawan (125ml) espreso pekat
- ¾ cawan (165g) gula kastor

ARAHAN

a) Untuk sirap marsala, satukan semua bahan dalam periuk, biarkan mendidih dan masak, kacau sekali-sekala, selama 10 minit atau sehingga pekat. Ketepikan untuk menyejukkan sepenuhnya.

b) Letakkan separuh mascarpone dan separuh gula aising dalam mangkuk pengadun berdiri dengan lampiran pukul dan pukul sehingga sebati. Dengan motor berjalan, tambah separuh krim secara beransur-ansur dan pukul sehingga pekat. Berhati-hati agar tidak terlalu memecut adunan.

c) Letakkan espresso, koko dan marsala dalam mangkuk dan kacau hingga sebati. Mengetepikan.

d) Sapukan sedikit campuran mascarpone di atas papan hidangan dan letakkan satu dacquoise di atas, kemudian tutup dengan lapisan nipis campuran mascarpone. Bekerja dengan cepat dan dengan satu biskut pada satu masa, celupkan savoiradi ke dalam campuran espresso, lapisan di atas dacquoise, pecahkan biskut supaya muat supaya seluruh permukaan ditutup dengan biskut.

e) Teratas lapisan biskut dengan lebih banyak campuran mascarpone kemudian letakkan dacquoise kedua di atas, tekan ke bawah untuk selamat. Gunakan baki campuran mascarpone untuk menutup bahagian tepi dan atas dacquoise.

f) Bekerja dengan pantas dan dengan satu biskut pada satu masa, celupkan baki savoiardi ke dalam campuran espresso dan susun secara menegak di sekeliling sisi dacquoise, tekan pada campuran mascarpone untuk selamat. Sejukkan selama 30 minit untuk menegangkan.

g) Letakkan baki 500g mascarpone dan 60g gula aising dalam mangkuk pengadun berdiri dengan lampiran pukul dan pukul sehingga sebati. Dengan motor berjalan, masukkan baki 450ml krim secara beransur-ansur dan pukul sehingga pekat. Bahagikan adunan di antara dua mangkuk.

h) Cairkan kopi segera dalam 1 sudu teh air (sebagai alternatif, gunakan espresso yang sangat kuat) dan campurkan ke dalam salah satu mangkuk campuran mascarpone, kemudian lipat campuran mascarpone kopi dengan teliti ke dalam campuran mascarpone biasa untuk mencipta kesan riak. Mengetepikan.

i) Letakkan tuala teh atau kain yang dilipat di bawah satu sisi dacquoise dan serbuk koko di atas biskut di sisi dacquoise, berputar semasa anda pergi, sehingga seluruh bahagiannya disalut dengan serbuk koko. Taburkan serbuk koko pada bahagian atas dacquoise, kemudian letakkan campuran mascarpone kopi di atas, menggunakan bahagian belakang sudu untuk membuat pusingan dan lekukan. Sejukkan sehingga sedia untuk dihidangkan. Sejurus sebelum dihidangkan, taburkan sirap marsala ke atas dacquoise dan taburkan keriting coklat.

99. Tartlet Raspberi dan Matcha Dacquoise

BAHAN-BAHAN:
UNTUK DACQUOISE:
- putih telur daripada 2 biji telur jarak bebas
- 46g (1/5 cawan) gula kastor
- 75g (¾ cawan + ¾ sudu teh) badam kisar
- 64g (½ cawan) gula aising
- 10g (1 sudu besar) tepung jagung
- 1½ sudu teh serbuk teh hijau matcha atau ½ hingga ¾ sudu teh ekstrak vanila tulen

ARAHAN:
MEMBUAT DACQUOISE:
a) Panaskan ketuhar anda kepada sekitar 150-160°C/300-325°F.

b) Sediakan dulang pembakar anda dengan kertas pembakar dan letakkan tart logam atau cincin kek di atasnya. Pastikan ia digris dengan baik untuk mengelakkan melekat.

c) Dalam pengadun berdiri atau menggunakan pemukul elektrik pegang tangan, pukul putih telur sehingga membentuk meringue yang kaku. Ini boleh mengambil masa beberapa minit. Masukkan gula kastor secara beransur-ansur sambil terus dipukul.

d) Dalam mangkuk yang berasingan, ayak bersama badam kisar, gula aising, dan tepung jagung.

e) Masukkan adunan badam perlahan-lahan ke dalam meringue. Berhati-hati untuk tidak mengempiskan meringue; adunan hendaklah sebati tetapi masih gebu.

f) Jika membuat matcha dacquoise, lipat dalam serbuk teh hijau matcha untuk mencapai warna hijau yang anda inginkan. Untuk versi vanila, masukkan ekstrak vanila.

g) Pindahkan adunan ke dalam piping bag yang dipasang dengan muncung biasa sederhana.

h) Paipkan adunan ke dalam gelang logam untuk mencipta asas tartlet anda. Jika anda tidak mempunyai piping bag, anda boleh cuba menyebarkannya secara halus dengan belakang sudu.

i) Bakar dalam ketuhar yang telah dipanaskan sehingga dacquoise berwarna perang keemasan dan sedikit garing di luar. Masa membakar yang tepat tidak disediakan, tetapi ia biasanya mengambil masa sekitar 20-30 minit. Perhatikan mereka kerana suhu ketuhar mungkin berbeza-beza.

TOPPING:

j) Dalam mangkuk kecil hingga sederhana, kacau bersama 3-4 periuk kecil skyr (sejenis yogurt) dengan 1-3 sudu teh serbuk teh hijau matcha, secukup rasa. Laraskan jumlah matcha untuk warna dan keamatan rasa yang anda inginkan.

k) Sapukan adunan matcha skyr pada bes dacquoise yang telah disejukkan menggunakan sudu.

l) Teratas dengan raspberi segar.

m) Kagumi kesederhanaan ciptaan anda dan nikmati hidangan minum teh atau pencuci mulut gaya Perancis anda.

MAKAN DAN MENYIMPAN:

n) Simpan tartlet dalam Tupperware kedap udara di dalam peti ais. Mereka paling baik dimakan pada hari yang sama tetapi masih boleh dinikmati (walaupun lebih lembut) pada hari berikutnya.

o) Tapak dacquoise boleh disimpan di dalam Tupperware kedap udara pada suhu bilik selama beberapa hari atau dibekukan dan diletakkan di atasnya di kemudian hari.

100. Dacquoise Torte dengan Krim Kopi

BAHAN-BAHAN:
UNTUK LAPISAN MERINGUE:
- 1 cawan badam mentah
- ¾ cawan hazelnut mentah
- 2 sudu besar tepung serba guna
- 60 gram coklat gelap (70% pepejal koko)
- 1 ¾ cawan gula pasir, dibahagikan
- 6 putih telur besar (kira-kira 1 cawan)
- ½ sudu teh krim tartar

UNTUK KRIM KOPI:
- 6 biji kuning telur besar
- 5 sudu besar gula pasir, dibahagikan
- 3 sudu besar tepung jagung
- 1 ½ cawan susu penuh
- 1 sudu teh ekstrak vanila
- 1 ½ sudu besar butiran kopi segera
- 1 ⅔ cawan krim berganda
- ¼ cawan gula aising

UNTUK GANACHE:
- 200 gram coklat separuh manis
- ¾ cawan krim
- 2 sudu besar mentega tanpa garam

ARAHAN:
MENYEDIAKAN LAPISAN MERINGUE:
a) Panaskan ketuhar anda kepada 150°C (kipas) dan lukis tiga bulatan 23cm pada kepingan kertas kalis minyak. Anda boleh menggunakan tapak kuali bentuk spring sebagai panduan.

b) Dalam pemproses makanan yang dipasang dengan bilah logam, satukan badam, hazelnut, tepung, coklat gelap dan ¾ cawan gula pasir. Kisar hingga dikisar halus.

c) Dalam pengadun berdiri dengan lampiran pukul, pukul putih telur dan krim tartar pada kelajuan tinggi sehingga berbuih.

d) Masukkan baki 1 cawan gula secara beransur-ansur, satu sudu pada satu masa, sambil terus dipukul sehingga meringue pekat dan membentuk puncak kaku.

e) Perlahan-lahan lipat campuran kacang ke dalam putih telur, berhati-hati agar tidak mengempiskan adunan. Gunakan sebahagian daripada meringue untuk mengikat bulatan kertas kalis minyak pada dulang pembakar. Sapukan meringue ke atas kertas, bentukkannya menjadi bulatan 23 cm menggunakan panduan yang anda lukis.

f) Bakar meringue selama 1 jam. Matikan ketuhar dan biarkan meringue di dalam dengan pintu terbuka sedikit selama satu jam lagi untuk menyejukkan. Setelah disejukkan, ia boleh dibungkus dalam bungkus plastik dan disimpan pada suhu bilik sehingga 3 hari.

MENYEDIAKAN KRIM KOPI:

g) Panaskan susu dan 3 sudu besar gula dalam periuk sederhana dengan api sederhana.

h) Dalam pengadun berdiri, satukan kuning telur dan baki gula. Pukul hingga pucat dan gebu. Masukkan tepung jagung dan vanila, pukul hingga sebati.

i) Tuangkan sedikit demi sedikit adunan susu panas ke dalam kuning telur sambil dipukul. Kembalikan adunan ke dalam periuk dan masak dengan api sederhana, kacau sentiasa sehingga pekat dan buih.

j) Sapukan bungkus plastik di atas pinggan dan tuangkan krim kopi ke atasnya. Lipat bungkus ke atas krim untuk menutupnya sepenuhnya. Biarkan ia sejuk di dalam peti ais sehingga set.

MENYEDIAKAN GANACHE:

k) Letakkan coklat cincang dalam mangkuk tahan panas. Panaskan krim sehingga hampir mendidih, kemudian tuangkan ke atas coklat. Biarkan selama 5 minit untuk mencairkan coklat. Kacau hingga rata.

l) Masukkan mentega dan gaul sehingga ganache licin dan berkilat. Anda boleh mempercepatkan proses penyejukan dengan meletakkannya di dalam peti sejuk.

MEMASANG TORTE:

m) Pukul krim kopi sejuk sehingga kembang dalam satu mangkuk. Dalam mangkuk lain, pukul krim berganda dengan gula aising sehingga membentuk puncak kaku. Lipat krim putar ke dalam krim kopi sehingga sebati.

n) Letakkan setitik ganache di tengah-tengah pinggan hidangan. Letakkan satu cakera meringue di atas pinggan; ganache akan memegangnya di tempatnya. Sebarkan cakera ini dengan kurang daripada satu pertiga daripada krim kopi.

o) Letakkan dua cakera lain secara terbalik pada permukaan kerja anda. Sebarkan setiap cakera ini dengan lapisan nipis ganache (kira-kira 100 gram ganache untuk setiap lapisan). Balikkan satu cakera dan letakkan di atas cakera yang disaluti krim kopi di atas pinggan. Sebarkan jumlah krim kopi yang sama pada cakera ini.

p) Ambil baki cakera, balikkan dan tutup krim kopi. Sapukan baki krim kopi di bahagian atas dan tepi torte. Sejukkan di dalam peti ais sekurang-kurangnya 2 jam untuk ditetapkan.

q) Cairkan baki ganache kepada konsistensi cair dan tuangkan ke atas torte, biarkan sedikit coklat menitis ke bahagian tepi. Sejukkan torte semalaman.

r) Hidangkan torte yang telah disejukkan dalam kepingan nipis dengan pisau tajam. Nikmati pencuci mulut syurga ini!

KESIMPULAN

Sambil kami mengakhiri perjalanan kami melalui dunia dacquoise, kami berharap anda telah menemui keajaiban hidangan meringue yang lembut dan pedas ini. Dari gigitan pertama hingga terakhir, dacquoise menggembirakan dengan keseimbangan tekstur dan rasa yang indah.

Kami telah meneroka kombinasi klasik seperti hazelnut dan coklat, serta gandingan inovatif seperti markisa dan kelapa, membuktikan bahawa dacquoise adalah kanvas untuk imaginasi masakan anda. Dengan setiap resipi yang anda cuba, anda telah mengasah kemahiran anda, dan kami percaya bahawa anda kini mahir dalam pencuci mulut yang indah ini.

Tetapi pengembaraan kami tidak perlu berakhir di sini. Dacquoise ialah pencuci mulut yang terus berkembang, dengan perisa dan teknik baharu menunggu untuk diterokai. Jadi, teruskan bereksperimen, teruskan menggembirakan rakan dan keluarga anda, dan yang paling penting, teruskan menikmati kegembiraan yang hanya boleh dibawa oleh dacquoise yang direka dengan baik.

Terima kasih kerana menyertai kami dalam perjalanan yang lazat ini. Semoga dapur anda selama-lamanya dipenuhi dengan aroma kejayaan yang manis, dan semoga ciptaan dacquoise anda sentiasa membawa senyuman kepada mereka yang anda kongsikan dengannya. Selamat membakar!

www.ingramcontent.com/pod-product-compliance
Lightning Source LLC
Chambersburg PA
CBHW071304110526
44591CB00010B/769